Por dentro do
Alibaba

PORTER ERISMAN
Ex-vice-presidente do ALIBABA

Por dentro do Alibaba

Como a maior empresa de e-commerce do mundo está mudando os rumos dos negócios on-line

Tradução
Cristina Yamagami

Benvirá

Título original: *Alibaba's world – How a remarkable Chinese company is changing the face of global business*
Tradução publicada mediante acordo com a St. Martin's Press LLC

Preparação Maria Silvia Mourão Netto
Revisão Laila Guilherme e Maurício Katayama
Diagramação Caio Cardoso
Capa Manu Santos
Impressão e acabamento Gráfica Paym

Dados Internacionais de Catalogação na Publicação (CIP)
Angélica Ilacqua CRB-8/7057

Erisman, Porter
Por dentro do Alibaba / Porter Erisman ; tradução de Cristina Yamagami. – São Paulo : Saraiva, 2016.
240 p.

Bibliografia
ISBN 978-85-8240-282-5
Título original: Alibaba's world

1. Alibaba (Empresa) 2. Comércio eletrônico – China 3. Internet – Markeing – China I. Título II. Yamagami, Cristina

15-1157 CDD 381.1420951
CDU339.37:005(510)

Índices para catálogo sistemático:
1. Comércio eletrônico - Varejo - China

1ª edição, 2016 | 2ª tiragem, setembro de 2020

Av. Paulista, 901 – 3º andar
Bela Vista – São Paulo – SP – CEP: 01311-100

SAC: sac.sets@somoseducacao.com.br

CÓDIGO DA OBRA 15433 CL 650752 CAE 567913

Para minha mãe e meu pai

Sumário

Nota do autor

Meu objetivo ao escrever este livro foi ao mesmo tempo instruir e inspirar. Espero que os empreendedores e outras pessoas em busca de seus sonhos possam lê-lo e aprender com as vitórias e os tropeços do Alibaba. E espero que os leitores usem a história do Alibaba para entender melhor como foi fazer parte do momento revolucionário no qual a internet colocou a China cara a cara com o Ocidente. Para atingir esse objetivo, fiz o que pude para apresentar minhas experiências de maneira precisa e autêntica.

Felizmente grande parte da história do Alibaba ficou registrada nas 200 horas de vídeo que coletei para realizar meu documentário, *Crocodile in the Yangtze: The Alibaba Story* [Crocodilo no Rio Yangtze: A história do Alibaba]. Esse material, bem como anotações detalhadas que fiz no tempo que passei no Alibaba, se transformou em uma referência valiosa para que eu pudesse escrever este livro.

Todos os diálogos se baseiam em conversas reais, mas em algumas ocasiões mesclei duas conversas com a mesma pessoa para compor um único diálogo no livro. O mesmo pode ser dito de alguns dos primeiros discursos de Jack Ma, aos quais, em algumas ocasiões, incorporei comentários que ele fez em público. Também reformulei algumas frases de Jack Ma, levando em conta que o inglês não é o idioma nativo dele. Em todos os casos, fiz o possível para manter a exatidão e a veracidade do que foi dito.

Em alguns trechos, ao descrever confrontos ou conflitos com ex-colegas, deixei de mencionar o nome de algumas pessoas. Em uma *startup* de rápido crescimento, sempre há solavancos, contusões e desentendimentos internos. No entanto, meu objetivo neste livro é tratar os problemas ou conflitos como exemplos ilustrativos, e não acertar as contas com um ou outro colega. Para ser justo, também fiz o que pude para incluir momentos em que eu mesmo cometi erros ou alimentei suposições equivocadas.

Este livro foi escrito fora do Alibaba, sem nenhum envolvimento da empresa. Os leitores podem concordar ou não com a minha interpretação dos acontecimentos, mas garanto que as opiniões apresentadas aqui são exclusivamente minhas. Espero que, ao contar a história, com a maior franqueza possível, de como um professor de inglês saiu da obscuridade para criar a maior empresa de comércio eletrônico do mundo, este livro possa servir como um excelente estudo de caso para estudantes, empreendedores e qualquer pessoa que esteja partindo para sua própria jornada.

Introdução

O grande salto para a frente

7 de novembro de 2006. Foi nesse dia que percebi que o Alibaba chegara para ficar. Eu estava de pé, nos fundos de um auditório lotado durante a conferência Web 2.0 em San Francisco, quando meu chefe, Jack Ma, subiu ao palco. Com seu discurso divertido, como sempre, ele cativou o público especializado, um verdadeiro "quem é quem" do mundo da internet.

– Sou 100% "fabricado na China". Aprendi inglês sozinho e não sei nada de tecnologia – Jack explicou. – Uma das razões que possibilitaram a sobrevivência do Alibaba foi justamente o fato de eu não saber nada de tecnologia. Sou como um homem cego montado nas costas de um tigre cego.

Quando a plateia caiu na risada, notei um homem curvado nos fundos do auditório, anotando freneticamente cada palavra que Jack dizia. Curioso, inclinei-me para ver quem estava tão decidido a transcrever o discurso de Jack. Fiquei chocado ao ver que se tratava de Jeff Bezos, fundador e CEO da Amazon.

Bezos, o pai do e-commerce, querendo aprender com o Alibaba? Aquele homem fora nada menos que o pioneiro do e-commerce e o responsável por transformar a Amazon.com em uma gigante da internet. Tinha sido eleito "Pessoa do Ano" pela revista *Time* em 1999, quando o Alibaba ainda não passava de uma *startup* obscura no apartamento de Jack Ma. Bezos era um líder de negócios que sempre respeitáramos e que admirávamos muito... e de quem tínhamos copiado algumas ideias. E ali estava ele, querendo as nossas ideias!

Jeff continuou fazendo anotações enquanto Jack falava à plateia extasiada:

– Acredite em seus sonhos, encontre uma boa equipe e faça tudo para garantir que o cliente fique satisfeito. Vejo um monte de empresas americanas mandando gestores para a China. Eles querem deixar satisfeito o chefe deles nos Estados Unidos, mas não estão muito preocupados com a satisfação dos clientes chineses.

Como Jack sempre quisera conhecer Jeff Bezos, eu me inclinei, me apresentei e entreguei meu cartão de visita a Jeff. Ele disse que também adoraria conhecer Jack. Depois do discurso, nós dois nos encontramos com Jeff no saguão do centro de convenções. Com sua risada característica e um entusiasmo contagiante, Jeff elogiou o discurso de Jack:

– Você apresentou alguns argumentos excelentes, Jack! Seria ótimo se pudesse visitar a gente em Seattle qualquer dia desses.

Quando Jeff se afastou, Jack e eu abrimos um sorriso de orelha a orelha, como duas tietes de uma banda de garagem que acabaram de ser reconhecidas por sua estrela do rock favorita.

Sete meses depois, abri o *Wall Street Journal* e me deparei com uma entrevista em que Jeff anunciava o início das operações na China. Ele dizia que estava decidido a evitar os problemas que outras pontocom estrangeiras tinham encontrado naquele país, explicando que a razão das dificuldades dessas empresas era "a equipe gerencial chinesa ter ficado ocupada demais tentando manter os chefes americanos satisfeitos, em vez de tentar manter os clientes chineses satisfeitos. Esse é um erro que não vamos cometer". Sim, Jeff parecia ter aprendido alguma coisa com Jack.

Mas o que Jack e eu não sabíamos nessa época era que, em poucos anos, o volume de vendas do Alibaba ultrapassaria as vendas dos nossos dois ídolos: a Amazon e o eBay. Juntos. Não só na China. No mundo todo.

Quando o Alibaba foi criado no apartamento de Jack Ma, parecia um absurdo imaginar que um dia as pontocom ocidentais iriam querer aprender com os fundadores do e-commerce na China. O país tinha apenas 2 milhões de usuários de internet, o que significava que menos de 1% da população estava conectada. E, desse 1%, um número ainda menor cogitaria fazer alguma compra pela internet. As barreiras eram simplesmente grandes demais. O poder de compra do consumidor chinês era excessivamente baixo. A penetração dos cartões de crédito era insignificante. A infraestrutura logística era primitiva. Não se sabia ao certo se o governo acolheria ou rejeitaria a internet. E o e-commerce parecia impossível no contexto do capitalismo de faroeste da China, onde abundavam os golpistas e onde compradores e vendedores que nunca haviam se visto cara a cara simplesmente não confiavam uns nos outros o suficiente para fazer transações on-line.

Quinze anos depois da criação da empresa, a diferença nos números é espantosa. Hoje, o Alibaba tem cerca de 300 milhões de clientes e executa cerca de 80% das transações de comércio eletrônico na China. Mais da metade de todas as encomendas despachadas na China é proveniente de transações feitas nos sites do Alibaba. E, na promoção do Dia dos Solteiros de 2014, uma data comemorativa inventada pelo Alibaba, os sites de compra da empresa voltados ao consumidor movimentaram 9,3 bilhões de dólares em transações em apenas um dia – mais do que o total das vendas americanas on-line no Black Friday e no Cyber Monday combinados. Tudo isso em um país onde a renda *per capita* é de apenas 6.800 dólares por ano e onde apenas 25% da população faz compras on-line. Em comparação com os Estados Unidos, a bolha do e-commerce na China está só começando.

A experiência do Alibaba demonstrou que, embora o e-commerce tenha demorado mais para decolar na China do que no Ocidente, quando finalmente se consolidou, teve uma importância muito maior para a economia global. Em apenas 15 anos, a infraestrutura do e-commerce na China ultrapassou os concorrentes ocidentais e hoje lança práticas de negócio completamente novas. A China se tornou um laboratório dinâmico de inovações no e-commerce, com lições importantes para empresas do mundo todo.

O Alibaba também está se ramificando para tentar entrar em regiões inexploradas e completamente novas, indo muito além do e-commerce tradicional. Um ano depois de lançar seu primeiro fundo de mercado monetário, a unidade de finanças do Alibaba já operava um dos principais fundos da China, administrando mais de 90 bilhões de dólares. A empresa também abriu um estúdio de cinema para produzir conteúdo original. Será que um dia o Alibaba ainda vai atingir seu objetivo de se tornar o maior banco da China? Será que um dia vai competir lado a lado com a Fox e a Disney na produção de filmes?

A escala de crescimento do Alibaba chamou a atenção do mercado mundial quando a empresa abriu seu capital, em 19 de setembro de 2014. A oferta pública inicial de ações (IPO, na sigla em inglês) do Alibaba foi a maior da história, dominando as manchetes das publicações de negócios do mundo todo e tornando o Alibaba a empresa de e-commerce mais valiosa do planeta. E Jack, que começara a carreira ganhando menos de 20 dólares por mês, de repente passou a valer nada menos do que 19,5 bilhões de dólares, logo depois do IPO.

Este livro, escrito por alguém que acompanhou de perto a trajetória da empresa, conta a história de como tudo aconteceu. De como um professor de inglês e 17 amigos saíram da obscuridade e superaram imensos obstáculos para criar uma potência de e-commerce que está transformando o cenário dos negócios globais.

Na prática, pode-se dizer que a fundação do Alibaba marcou o nascimento do e-commerce na China. De 2000 a 2008, trabalhei no

Alibaba como vice-presidente em uma variedade de funções à medida que a empresa ia crescendo, ultrapassando as paredes de um pequeno apartamento para se transformar na gigante que é hoje. Relatarei aqui tanto os êxitos quanto os tropeços da empresa em sua trajetória rumo ao sucesso. Nessa narrativa, espero conseguir explicar como o e-commerce chinês chegou aonde está hoje, quais são as tendências para o futuro e suas implicações para o mercado mundial.

Depois de sair do Alibaba em 2008, produzi e dirigi *Crocodilo no Rio Yangtze*, um documentário independente sobre minha experiência na empresa. O filme foi lançado em abril de 2012 no Festival Internacional de Cinema de Sonoma, e passei os dois anos seguintes viajando pelo mundo para exibir o filme em festivais e para estudantes e empresários. Essa jornada me levou a mais de 50 cidades de seis continentes: do Vale do Silício a Bangalore, passando pela Nigéria e praticamente todos os outros lugares no meio do caminho. Percebi que a história do Alibaba, tão multifacetada, tem um apelo universal e, a cada sessão de perguntas e respostas, eu tinha uma noção cada vez melhor de quais aspectos mais despertavam o interesse dos diferentes públicos. O valente entusiasmo de uma *startup* que desafiou o eBay e a Amazon quando essas duas empresas dominavam o cenário do e-commerce? A ascensão de um professor de uma província distante à realeza econômica em um país ainda comunista? Ou o deslocamento sísmico da atenção do mundo do Ocidente para o Oriente?

O tempo que passei no Alibaba derrubou várias de minhas suposições sobre os negócios e a vida. O balanço da minha experiência na empresa foi definitivamente positivo, e este livro de memórias reflete isso. Vi uma empresa sair de um pequeno apartamento para se transformar na primeira pontocom global da China, combatendo – e vencendo – o eBay na China no meio do processo. Vi uma equipe de pessoas comuns se unir para criar uma empresa que revolucionou o modo como as pessoas fazem negócios na China e em outros países. No entanto, o objetivo deste livro não é apenas dizer que o Alibaba é excelente ou que Jack Ma é um herói. É simplesmente responder à seguinte pergunta: o que levou ao enorme sucesso do Alibaba enquanto muitos concorrentes fracassaram?

Depois de 15 anos, a história do Alibaba, em muitos aspectos, está apenas começando. E cabe a Jack e a uma nova equipe de colegas definir como ela terminará, dependendo da capacidade deles de se manter fiéis aos valores que os trouxeram até aqui. O Alibaba não é mais um Davi. É um Golias. E, na qualidade de um Golias, a empresa enfrentará desafios completamente novos. No entanto, quer o Alibaba acabe sendo um sucesso ou um fracasso, sua ascensão permanecerá uma das histórias empresariais mais fascinantes e instrutivas de nossos tempos. Ao falar da minha experiência na empresa com a maior franqueza possível, espero que empreendedores e outros leitores que estiverem partindo para uma jornada semelhante possam encontrar inspiração e evitar alguns erros. Acredito sinceramente que a expansão do e-commerce e as oportunidades econômicas dela resultantes têm o poder de transformar a vida de milhões, se não bilhões, de pessoas no mundo todo.

1

A pessoa certa, no lugar certo, na hora certa

Sentei-me no banco de trás do táxi enquanto o motorista ligava o taxímetro e se virava para mim:

– Então, para onde vamos?

– Avenida Wensan. A sede do Alibaba.

Aos solavancos, avançamos por um tempo pelas ruas de Hangzhou, passando por canteiros de obras, lojas e o Lago do Oeste no centro da cidade. Nesse ponto, o motorista puxou papo.

– Você trabalha no Alibaba?

– Sim, entrei na empresa em 2000. Trabalho lá já faz uns seis anos – respondi.

– É mesmo? Não sabia que tinha estrangeiros no Alibaba. Por que você quis trabalhar numa empresa chinesa?

– Achei que seria mais bacana ajudar uma empresa chinesa a se globalizar do que ajudar uma empresa estrangeira a entrar na China. É um desafio empolgante.

O motorista hesitou um pouco e então continuou:

– Na verdade, eu conheço o Jack Ma. Estudamos juntos no primário. Na mesma turma. Você trabalha bastante com ele?

– Sim, a gente trabalha junto. Viajei com ele para um monte de países.

– Sabe por que o Jack Ma faz tanto sucesso? – ele perguntou.

Hummm. Eu não tinha certeza se queria saber o rumo daquela conversa, mas decidi deixar que o motorista falasse.

– Porque ele é sortudo. Ele estava no lugar certo na hora certa.

Tendo visto todo o trabalho pesado de Jack e sua equipe para desenvolver o Alibaba, tentei não me colocar na defensiva. Se criar a maior empresa de e-commerce da China era apenas uma questão de estar no lugar certo na hora certa, pensei, por que os outros 1,3 bilhão de chineses não enxergaram nem agarraram a mesma oportunidade quando a internet chegou à China? E, se o taxista e Jack tinham estudado na mesma turma, na mesma escola e na mesma cidade, o motorista também não estava no lugar certo na hora certa?

Mas fiquei de boca fechada, porque não vi razão para discutir com ele. Sim, Jack esteve no *lugar* certo na *hora* certa. Mas, no papel, milhões de outras pessoas eram mais qualificadas para fundar uma empresa de e-commerce do que um professor de inglês de Hangzhou, reprovado duas vezes no vestibular. No entanto, Jack foi o único que aproveitou a oportunidade. Ele foi a *pessoa* certa, no *lugar* certo, na *hora* certa.

Por que Jack? O que ele tinha de diferente? O que o motivou? Em muitos aspectos, a resposta está em sua vida antes do Alibaba, uma história que fui conhecendo aos poucos ao longo dos anos.

Jack nasceu no dia 10 de setembro de 1964, apenas dois anos antes da Revolução Cultural de Mao. Sua infância sem dúvida foi moldada pela turbulência política que marcou o período de 1966 a 1976, quando intelectuais, artistas e capitalistas foram vítimas de rodadas sucessivas de lutas de classe. Neto de um proprietário de terras e filho de um artista de *pingtan* – uma arte folclórica tradicional que combina música com contação de histórias –, Jack estava do lado errado da história aos olhos dos comunistas. Por conta disso, sofreu bullying de alguns colegas, e suas brigas frequentes lhe causaram problemas na escola e também com os pais.

Talvez como estratégia de fuga, Jack passava seu tempo livre mergulhado em livros de ficção sobre artes marciais. Começou com os clássicos chineses e depois passou para o escritor contemporâneo Louis Cha, que com os populares romances *wuxia* – que misturam artes marciais e regras de cavalheirismo – contava histórias de nobres guerreiros que defendiam o povo e os mais desfavorecidos usando a astúcia, em vez da força bruta, a fim de derrotar adversários mais poderosos.

As histórias de artes marciais podem ter ajudado Jack a superar a primeira coisa que todo mundo nota nele: sua aparência. Não raro comparado com um duende ou um elfo pela mídia, o porte diminuto de Jack lhe atraía uma atenção indesejada e fazia dele alvo de zombarias. Até a própria família o provocava, às vezes chamando-o de "nanico". Ao apresentar os três filhos, seu pai costumava brincar: "E este aqui a gente achou no lixo".

Você deve estar pensando que ser ridicularizado por causa da aparência e ser vítima de bullying na escola seriam motivo suficiente para destruir a confiança de uma criança. Mas, no caso de Jack, isso de alguma forma lhe deu forças. Com a China se abrindo após a morte de Mao, turistas estrangeiros começaram a chegar aos poucos a Hangzhou, a cidade natal de Jack, para visitar o Lago do Oeste. Quando a professora de geografia de Jack no ginásio contou que tinha visto estrangeiros perto do lago, ele ficou curioso e foi ver com os próprios olhos. E logo criou o hábito de ir de bicicleta até o lago todos os dias para fazer amizade com os turistas e praticar inglês com eles.

Jack se aproximou de uma família australiana com quem fez amizade em um jogo de *frisbee*. Eles passaram muitos anos se correspondendo. Por meio dessa amizade, Jack saiu da China pela primeira vez, em uma experiência que, segundo ele, "mostrou que tudo o que eu tinha aprendido sobre o mundo exterior nos meus livros chineses estava errado". Essa família influenciou tanto Jack que ele descreveu aquele pai como "um pai para mim".

As muitas amizades de Jack com estrangeiros ajudaram-no a falar inglês muito melhor do que seus conterrâneos de Hangzhou, ao mesmo tempo que abriram sua cabeça para o mundo. Desse modo, tornou-se naturalmente propenso a trabalhar como professor de inglês. Apesar de ter sido reprovado duas vezes no vestibular devido à sua dificuldade em matemática, Jack finalmente entrou na Universidade de Hangzhou, uma faculdade de pedagogia, onde foi eleito presidente da turma.

Depois de se formar, começou a trabalhar como professor de inglês em uma universidade local, ganhando 12 dólares por mês. A maioria dos professores chineses obrigava os alunos a memorizar livros didáticos, mas Jack tinha um estilo improvisado, desviando-se dos livros-texto e contando histórias e piadas para motivar os alunos. Além disso, ele incorporava em suas aulas um pouco da performance artística que tinha aprendido com o pai, tornando-se um dos professores mais queridos do *campus*.

Depois de cumprir a promessa que fizera a um mentor (promessa de ensinar inglês por cinco anos), Jack decidiu que era hora de correr riscos e abrir um negócio. "Tudo o que ensinava a meus alunos vinha de livros", ele conta. "Eu queria ter experiências reais. Podia ter sucesso ou fracassar, não fazia muita diferença. Porque eu sabia que sempre podia voltar e compartilhar a experiência com meus alunos."

O primeiro empreendimento de Jack foi uma empresa de tradução, a Hangzhou Hope Translation Agency, que ele fundou em 1994 para atender ao número crescente de empresas locais voltadas ao turismo e ao comércio exterior. Como Jack ficou conhecido em Hangzhou por seus conhecimentos de inglês e por sua capacidade de se comunicar com os estrangeiros, as autoridades do governo local lhe pediram para ir aos Estados Unidos tentar resolver uma difícil negociação com um parceiro americano que tinha se comprometido a financiar a construção de uma rodovia com pedágio.

Jack viajou para os Estados Unidos cheio de esperança, mas, ao chegar a Los Angeles, começou a suspeitar que o homem com quem devia negociar era um vigarista. Seus temores foram comprovados quando o americano lhe mostrou discretamente uma arma na cintura e o deixou ilhado sem carro em uma mansão em Malibu por alguns dias, a fim de convencê-lo a informar o parceiro chinês que o lado americano das negociações era "lícito e legítimo". Apavorado – e suspeitando que seu anfitrião americano estava ocultando informações importantes do parceiro chinês –, Jack acabou conseguindo ir para Seattle, onde tinha amigos americanos.

Em Seattle, os amigos de Jack o apresentaram à internet, e ele se viu diante de um computador pela primeira vez. "Eu tinha medo de tocar no computador, uma coisa tão cara. Mas eles disseram: 'Pode mexer, Jack. Não é uma bomba!'. Digitei a palavra *cerveja*, C-E-R-V-E-J-A, e o computador me mostrou cerveja alemã, cerveja japonesa, mas nenhuma cerveja chinesa. Então procurei a palavra *China*, e o computador respondeu 'nenhum resultado encontrado'. Aí pensei com meus botões: *Isso é interessante. Se a gente pegar empresas da China e fizer uma página para elas, vai ser um sucesso.*"

Quando Jack voltou a seu país, montou a primeira pontocom da China – a China Pages –, uma espécie de diretório on-line em inglês contendo empresas chinesas e algumas informações. Infelizmente, Hangzhou ainda não tinha acesso à internet. Assim, os primeiros clientes que Jack prospectou reagiram como se ele estivesse tentando lhes vender feijões mágicos. Quando finalmente conseguiu fechar algumas vendas, era preciso coletar informações comerciais dos clientes e enviá-las pelo correio a seus amigos em Seattle, que então montariam o site na internet. Para provar a existência do site, os amigos de Seattle imprimiam as páginas e as enviavam à China pelo correio para Jack apresentar aos clientes.

A China Pages teve um certo sucesso no início e logo chamou a atenção da estatal Hangzhou Telecom, que tinha aberto seu próprio serviço concorrente. Temendo ter de competir com um negócio bancado pelo governo, Jack decidiu que o único jeito de sobreviver seria firmar uma parceria com a Hangzhou Telecom. Eles formaram uma *joint venture*, mas Jack logo se desentendeu com a administração da Hangzhou Telecom e, frustrado, rompeu o acordo.

Em seguida, foi para Pequim, onde trabalhou em uma empresa criada sob os auspícios do Ministério do Comércio Exterior e Cooperação Econômica. Achando que poderia ajudar a lançar o e-commerce como iniciativa do governo, assumiu o comando de um órgão criado para ajudar empresas de pequeno e médio porte a se beneficiar da internet. No entanto, mais uma vez Jack se sentiu paralisado pelos burocratas do governo, os verdadeiros responsáveis pelo órgão. "Meu chefe queria usar a internet para controlar as microempresas, mas eu queria usar a internet para fortalecer as microempresas. Nossa filosofia era completamente diferente."

Por fim, quando a bolha da internet começou a crescer na China em 1999, Jack reuniu os amigos que levara a Pequim para trabalhar em sua equipe no ministério e contou que tinha uma ideia para um novo empreendimento: o Alibaba. Ele havia aprendido muito com os altos e baixos de suas experiências na China Pages e no governo. Agora, Jack tinha uma visão mais clara de como o e-commerce poderia se consolidar na China. Ele escolhera o nome "Alibaba" por ser uma história conhecida no mundo inteiro, evocando imagens de pequenas empresas dizendo "abre-te sésamo" para ganhar acesso a novos tesouros e oportunidades proporcionados pela internet. Assim nascia o Alibaba.

O que nos leva ao início de 2000...

2

A bolha

Te vejo em Xangai. Vai ser muito divertido!!!!
– *Jack*

Esse foi o primeiríssimo e-mail que recebi de Jack. A mensagem de uma única linha mais parecia ter sido escrita por uma criança prestes a ir à Disneylândia, e não pelo CEO de uma empresa que tinha acabado de levantar 25 milhões de dólares do Goldman Sachs e do Softbank, uma multinacional japonesa de telecomunicações e internet. Mas o tom brincalhão não me surpreendeu, considerando o espírito da época. Afinal, estávamos em março de 2000, uma excelente época para estar vivo... para quem estava na indústria da internet na China.

Nos cinco anos anteriores, quem trabalhava na China só podia assistir com inveja enquanto amigos e ex-colegas de turma participavam da empolgante explosão da internet nos Estados Unidos. Com empresas como o Yahoo!, a Amazon e o eBay tendo suas ações listadas na Nasdaq, a onda da internet se espalhou pela Europa e pelos Estados Unidos, produzindo milhares de novos milionários a cada novo IPO (a oferta pública inicial de ações). Mas, considerando que menos de 1% da população da China tinha acesso à rede, a indústria chinesa da internet parecia destinada a passar décadas se arrastando.

Tudo mudou em meados de 1999, com o IPO da China.com, um portal da internet sediado em Hong Kong voltado ao consumidor, que se autoproclamou o "Yahoo! da China". Tudo bem que se tratava de uma empresa vazia, sem um modelo de negócio concreto. A China.com tinha um excelente nome de domínio e atraiu investidores em busca dos 2,6 bilhões de potenciais usuários chineses. Assim como o IPO da Netscape lançara a corrida do ouro da internet nos Estados Unidos, o IPO da China.com provocou uma correria de investidores para a China. E para nós, que esperávamos pacientemente a mania da internet chegar à China, a explosiva invasão de investidores foi muito bem-vinda.

Na época, eu liderava um grupo de tecnologia da Ogilvy & Mather em Pequim, responsável por campanhas de relações públicas e marketing para empresas estrangeiras que estavam entrando no mercado chinês. Quando cheguei à Ogilvy para assumir o cargo, esperava colaborar para o crescimento de empresas multinacionais como a Nokia, nosso maior cliente do setor de tecnologia na época. No entanto, à medida que a explosão da internet se consolidava, minha lista de clientes cresceu rapidamente e passou a incluir um número cada vez maior de empresas de internet estrangeiras interessadas no mercado chinês. Não muito tempo depois de empresas americanas começarem a atuar no mercado chinês, *startups* chinesas foram sendo fundadas conforme o modelo americano. No intervalo de um ano, o número de clientes do meu grupo que atuavam na internet tinha aumentado de um para dez. Via esses clientes não só se divertindo muito, mas também descobrindo a possibilidade de mudar o mundo em meio a esse processo. Eu estava começando a achar que era hora de eu mesmo entrar em uma *startup*.

Mal sabia eu que, enquanto eu trabalhava feito um camelo em Pequim, Jack Ma e uma equipe de amigos trabalhavam secretamente dia e noite em um pequeno apartamento em Hangzhou, uma cidade duas horas ao sul de Xangai. Enquanto outras empresas chinesas iam atrás dos consumidores, criando clones chineses das empresas mais badaladas dos Estados Unidos, Jack e sua equipe se dedicavam a atrair empresas. A ideia deles era criar um mercado para conectar empresas de pequeno e médio porte do mundo todo envolvidas no comércio internacional: a chamada "economia de *widgets*", composta de fabricantes, comércio e atacadistas, formando uma cadeia global de suprimentos. E o site deles, Alibaba.com, destinava-se a dar a essas pequenas empresas acesso a riquezas que só a internet podia oferecer.

Em outubro de 1999, o Alibaba finalmente saiu da toca e foi oficialmente lançado em uma coletiva de imprensa em Hong Kong, na qual Jack também anunciou uma injeção de 5 milhões de dólares de investimentos no Alibaba liderada pela Goldman Sachs. A notícia começou a se espalhar, com a publicação de algumas matérias na imprensa sobre um professor desconhecido que tentava criar uma plataforma de comércio global. Em janeiro de 2000, Jack e sua equipe levantaram mais 20 milhões de dólares, em um investimento encabeçado pelo Softbank do Japão. E em março, preparando-se para a expansão global da empresa, o Alibaba decidiu contratar uma equipe internacional de administração.

Foi mais ou menos nessa época que comecei a procurar uma *startup* na qual pudesse trabalhar. Mas minha busca por novos desafios profissionais teve um início, digamos, lento.

Minha primeira entrevista foi em um importante portal da internet. Encontrei-me com o vice-presidente de marketing, um executivo de Hong Kong que estava contratando um diretor de comunicações corporativas para preparar a empresa para um possível IPO.

– Acho que seria muito legal colaborar com a equipe para ajudar a elaborar a visão para você e para a empresa, à medida que ela avança – eu disse a meu possível futuro chefe.

– Vamos deixar uma coisa bem clara. Eu crio a visão, e você fica com a execução – ele respondeu friamente.

Isso bastou para eu tirá-lo da minha lista. Eu queria participar de uma equipe, não de uma ditadura.

Em seguida, fiz uma entrevista em uma empresa de trading de ações na internet que se anunciava como "o e-Trade da China". No entanto, quando conheci a equipe de marido e mulher que tinha fundado a empresa, alguma coisa não me cheirou bem. A sede da empresa era um escritório virtual. E as fontes de investimento me pareceram suspeitas. Ao final da entrevista, eu estava convencido de que eles só queriam uma cara ocidental para a empresa enquanto se ocupavam de atividades de legitimidade questionável.

Por fim, fiz uma entrevista em uma empresa taiwanesa de e-commerce chamada pAsia, com operações em um site de leilões on-line voltado ao consumidor na China continental. A empresa estava se preparando para um IPO e tinha investido muito em um projeto de identidade corporativa e logotipo com base no nome eAsia. No entanto, quando seus executivos descobriram que o eAsia já tinha sido registrado por uma empresa da Ásia Central, mudaram o nome para pAsia, para não ter de refazer o logotipo. Isso até poderia ter dado certo se, na pronúncia chinesa, a letra *P* não fosse um homônimo para *peido.*

« »

Num dos intervalos de uma conferência sobre a internet, contei a um amigo como estava sendo difícil encontrar uma *startup* na qual trabalhar. Expliquei que, mesmo quando a empresa tinha um bom modelo de negócio, os estilos de gestão me pareciam hierárquicos e dominadores demais.

– Ah, eu nem sabia que você estava procurando emprego. Você já ouviu falar do Alibaba? Eles estão tentando criar a primeira empresa global de internet da China e estão procurando alguém para encabeçar a área de relações públicas internacionais. Você ficaria em Hong Kong, mas viajaria para a Europa, os Estados Unidos e pela Ásia.

Meus olhos brilharam. Eu conhecia muitas empresas americanas de internet que estavam entrando no mercado chinês e muitas empresas chinesas que estavam tentando se tornar uma gigante da internet na China. Mas nunca tinha ouvido falar de uma pontocom chinesa querendo se globalizar. Era um sonho enorme e um desafio interessantíssimo. Além disso, gostei da ideia de morar na China e viajar pelo mundo. Pensei que, mesmo se o Alibaba não vingasse, com certeza outras empresas chinesas se globalizariam e eu me beneficiaria muito da experiência.

– O Alibaba acabou de levantar um bom investimento e está montando uma equipe internacional. Você devia conversar com eles – meu amigo aconselhou.

Algumas semanas depois, viajei para Xangai para conhecer Jack e sua equipe. Participamos de um encontro de clientes que o Alibaba tinha organizado para celebrar a abertura do novo escritório em Xangai. Em um táxi, percorrendo a via expressa suspensa a caminho do Galaxy Hotel, via o horizonte da cidade passar zunindo por mim. A cidade toda parecia estar em construção, com guindastes por toda parte, decorando canteiros de obras de novos arranha-céus e prédios de escritório. *O Vale do Silício pode estar em plena expansão*, eu pensei, *mas não é nada em comparação com as mudanças que estão acontecendo na China.*

Eu não sabia ao certo o que esperar do encontro. Troquei cartões de visita com alguns clientes do Alibaba, fabricantes envolvidos em uma série de setores que eu não conhecia direito, como de fibra petroquímica, rolamentos e todo tipo de aparatos. O clima na sala era de constrangimento, enquanto todo mundo esperava para ver o que aconteceria em seguida. Foi quando as portas se escancararam e Jack Ma entrou na sala de maneira bem descontraída, seguido de uma comitiva entusiástica de jovens executivos. Depois de apertar as mãos de alguns integrantes da equipe do Alibaba que já estavam lá, Jack subiu rapidamente ao palco e se dirigiu ao público.

– Obrigado por terem vindo, pessoal. A gente conversa o tempo todo na internet, mas nada melhor do que falar com vocês cara a cara. Hoje, eu gostaria que vocês conhecessem a nossa visão. Desde o nosso primeiro dia no Alibaba, temos três principais objetivos. Queremos que o Alibaba seja um dos dez sites mais importantes do mundo. Queremos que o Alibaba seja um parceiro para todos os empresários. E queremos criar uma empresa que vai durar 80 anos!

Falando no palco, Jack parecia distraído com um holofote que lhe cegava os olhos e pulava de um tema a outro. Embora estivesse claro que ele de fato tinha visão e ambição, foi um pouco como assistir à primeira apresentação de um aspirante a estrela do rock em uma noite de microfone aberto. As pessoas começaram a dar sinais de impaciência. Um dos expatriados que estavam na minha mesa se inclinou e me disse:

– Seria bom se eles tivessem alguém como você. Esses caras estão precisando de ajuda.

Jack concluiu sua fala e recebeu uma morna salva de palmas. O evento não foi uma produção sofisticada, mas sua inocência me interessou. Ao contrário de um monte de outras empresas nas quais fui entrevistado, Jack e sua equipe pareciam motivados por algo além do dinheiro. Pareceu-me uma aventura divertida. Pouco depois do discurso, o assistente de Jack acenou para eu me aproximar e me fez sentar ao lado de Jack.

– Foi um excelente discurso, Jack – eu disse, tentando ser generoso com o homem que poderia vir a ser meu chefe.

– Na verdade, meu desempenho hoje foi não dos melhores – ele respondeu. – Fiquei cego com as luzes.

Ele me fez algumas perguntas básicas e, em seguida, com um sorriso no rosto e brilho nos olhos, disse:

– Ouvi falar maravilhas de você. Então, quando pode começar?

Imaginei que ele nem tinha visto meu currículo. Conversamos só por uns cinco minutos antes de ele me oferecer o emprego. Ficou claro que Jack era um homem de decisões rápidas, com base no instinto e na intuição. Mas ele tinha uma espécie de charme travesso. Dava para ver que, independentemente do sucesso ou do fracasso do Alibaba, seria uma grande aventura trabalhar para ele.

Fui convidado para tomar um drinque no Hard Rock Café com um grupo de gestores expatriados que tinham sido recentemente contratados pelo Alibaba, vindos de várias empresas importantes, incluindo a McKinsey, a American Express e a Oracle. Eles haviam abdicado de gordos pacotes de remuneração de expatriados por uma chance de trabalhar na pontocom de seus sonhos. Com a euforia da internet no ar, passamos a noite bebendo e entoando o grito de guerra "A-li-ba-ba! A-li-ba-ba!", enquanto pulávamos de bar em bar por Xangai.

Acordei na manhã seguinte com uma ressaca tenebrosa e desci cambaleando até o saguão para uma reunião com o diretor financeiro do Alibaba, Joe Tsai. Formado em Yale, com pós-graduação pela Faculdade de Direito da mesma universidade, Joe desistira de um alto salário em finanças para trabalhar no Alibaba em outubro do ano anterior. Era um sujeito inteligente, sereno e com um forte senso de propósito. Com os olhos vermelhos e o estômago revirado, tentei manter uma postura profissional quando Joe começou a falar:

– Todo mundo ficou muito impressionado com você, e a gente adoraria que entrasse na equipe. Estamos preparados para lhe oferecer um emprego com um salário de 100 mil dólares por ano mais opções de ações.

Engoli em seco e fiz o possível para manter a calma. O valor era uns 50% a mais do que meu salário na ocasião. Eu queria muito aquele emprego. Mesmo assim, fiz de tudo para aparentar indiferença e blefei:

– Humm... Na verdade, estou bastante satisfeito com meu emprego atual. Preciso pensar um pouco.

– Bem, não esqueça que estamos planejando abrir o capital daqui a três meses. Com base nas avaliações atuais do Goldman Sachs, suas opções de ações valeriam 1 milhão de dólares na ocasião do IPO.

Engoli em seco de novo. Um milhão de dólares? Tudo o que eu queria era ter dinheiro suficiente para colocar um teto sobre minha cabeça e ter tempo para viajar, e aquele emprego me daria a chance de realizar minhas ambições. Será que eu poderia mesmo me tornar um milionário em apenas três meses?

Alguns dias depois, assinei o contrato e me preparei para me mudar para Hong Kong. Com um mês livre entre um emprego e outro, decidi passar umas duas semanas tomando sol em uma praia nas Filipinas e me deleitar com a nova oportunidade que me aguardava. Eu não só teria um novo emprego que eu amava como também poderia enriquecer em meio a isso tudo.

Antes de partir para minhas férias, liguei o computador e criei um novo arquivo no Excel. No topo da planilha, digitei "Contagem Regressiva para Ser Milionário" e verifiquei que poderia me aposentar em apenas quatro anos quando vendesse minhas opções de ações. Mas, naturalmente, o mercado de ações tinha outros planos.

3

O colapso

Tirei os chinelos e o protetor solar da mala e me instalei no meu quarto de hotel com vista para o mar nas Filipinas. Podia ouvir as ondas quebrando lá fora e a música que vinha do bar na areia. Depois de um ano me mantendo à disposição de meus clientes em Pequim, eu finalmente podia aproveitar um tempo de férias sem culpa, sem projetos me atazanando as ideias nem clientes ligando para perturbar minha paz. Tinha pela frente apenas a esperançosa promessa do próximo e empolgante capítulo da minha vida profissional e pessoal.

Antes de sair para a praia para tomar um drinque e contemplar o pôr do sol, decidi ligar a TV na CNBC para saber das últimas notícias sobre as ações da internet. Colapso total! As ações tinham despencado! Ficou claro que a correção do mercado que começara em março de 2000 estava se estendendo para abril, criando uma onda de destruição em Wall Street.

"O Nasdaq cai pelo quinto dia consecutivo." "As ações baixam mais uma vez." "Mais problemas para o setor de tecnologia."

Mal saí do quarto nos dias que se seguiram. Meus olhos ficaram grudados na tela da TV. E, com as cotações da Bolsa rolando implacavelmente pela tela, vi meus sonhos de internet se dissipando diante de meus olhos.

4

Os especialistas estrangeiros

Fiquei parado diante do Citibank Tower, em Hong Kong, admirando a fachada vítrea do arranha-céu até o ponto em que ela se encontrava com as nuvens. Essa visão destoava das ruas empoeiradas de Pequim, onde eu morava em um sombrio prédio de apartamentos comunista na periferia da cidade, economizando o máximo que podia para pagar o financiamento estudantil que tinha contraído para cursar a faculdade de administração. Apesar de ter aprendido a gostar da atmosfera poeirenta de Pequim, minha mudança para Hong Kong a fim de trabalhar no Alibaba foi um retorno muito bem-vindo à modernidade e às comodidades de um centro empresarial global.

Ao entrar no prédio, me senti um pouco como um garoto no primeiro dia em uma nova escola. Estava animado para começar no emprego, mas me perguntava como seria tratado pelos meninos maiores. Depois de dois anos trabalhando em Pequim, tinha me acostumado com o empreendedorismo bruto da China continental, completamente diferente do refinamento e do requinte de Hong Kong. Eu estava prestes a entrar em um jogo de peixes grandes.

Quando cheguei ao 28º andar, percorri sem pressa o corredor silencioso até o novo escritório do Alibaba. Na sala do canto, encontrei Todd Daum, meu novo chefe e vice-presidente de marketing da empresa. Só conheci Todd depois de ingressar na empresa, mas sentia certa familiaridade com ele. Ele tinha experiência em marketing e também cursara o programa de MBA da Faculdade de Administração Kellogg, na Universidade Northwestern.

– Bem-vindo – ele disse, apertando minha mão antes de me conduzir pelo escritório. – Já temos um monte de ideias para grandes projetos. Que bom que você chegou para começar a trabalhar neles.

A chance de trabalhar para Todd foi uma das razões que me levaram para o Alibaba. Ao contrário dos gestores ditatoriais que encontrara nas minhas entrevistas em outras *startups* chinesas da internet, Todd era um sujeito simpático, com os pés no chão, e parecia disposto a me incluir nas decisões estratégicas da equipe de marketing. Antes de ingressar no Alibaba, ele havia trabalhado na American Express e devia ter muita experiência; era alguém com quem eu poderia aprender bastante.

Depois de bater um papo com Todd, fui apresentado à equipe executiva recém-contratada, composta de gestores internacionais com um mix deslumbrante de pedigrees das melhores universidades, consultorias e bancos de investimento do mundo. Ficou claro que Jack Ma tinha montado sua equipe dos sonhos, e eu não tinha dúvidas de que a seção referente à equipe de administração no nosso prospecto de IPO seria atraente para qualquer investidor.

Acomodei-me em uma mesa em um aglomerado de cubículos no meio do escritório, uma espécie de mesa de crianças para os gerentes de alto e médio nível. Não via nenhum problema naquilo. Tinha a impressão de que iria curtir muito trabalhar no meio daquele grupo animado e heterogêneo. Havia David Oliver, um ex-criador de ovelhas da Nova Zelândia que, de alguma maneira, entrara no mundo da tecnologia chinesa trabalhando em uma *startup* de Pequim, até que ingressara no Alibaba como um dos primeiros ocidentais da empresa, quando ela ainda funcionava naquele apartamento em Hangzhou. E havia Brian Wong, um sino-americano que havia trabalhado como assistente de Willie Brown, prefeito de São Francisco, antes de ingressar no Alibaba como gerente de desenvolvimento de negócios. E a grande amiga de Brian e sua ex-colega de faculdade, Emily Fong Mitchell, uma havaiana de personalidade radiante e inteligência afiada que trabalharia comigo na equipe de marketing. Nossa mesa de crianças podia não ter muita experiência profissional, mas rapidamente formamos laços de companheirismo com base nas provações e na aventura de estudar e viver na China continental.

Depois de me acomodar, me reuni com Todd.

– Então, em que pé estamos com o IPO? – perguntei, querendo saber se aquela ainda era uma possibilidade.

– As coisas mudaram – Todd respondeu. – Parece que o IPO ainda vai demorar para sair. O mercado não está bom.

Ao ouvir essas palavras, percebi que teria de recalibrar minhas expectativas. Muitos fatores haviam me atraído para o Alibaba. A aventura. A possibilidade de mudar o mundo. A chance de desbravar novos caminhos. Mas, para ser completamente sincero comigo mesmo, a ideia de me tornar um milionário não era nem um pouco desagradável. Agora que minha "Contagem Regressiva para Ser Milionário" tinha sido adiada indefinidamente, eu precisaria encontrar motivação nos outros objetivos.

Foi bom conhecer as pessoas com quem eu trabalharia em Hong Kong, mas eu também estava curioso a respeito da equipe do continente.

– Então, quando é que vamos a Hangzhou ver a sede e conhecer a equipe de lá? – perguntei a Todd.

– Sinceramente, não vejo mais muito sentido em ir até lá. Desde que entrei na empresa, a equipe de marketing de lá meio que parou de dar ouvidos para a gente aqui em Hong Kong, e estão fazendo as coisas do jeito deles. Dê uma olhada nos anúncios que estão criando – ele disse, apontando para um anúncio de banner on-line. Como era típico dos sites chineses na época, o anúncio tinha um monte de animações chamativas sem o tom minimalista de sites ocidentais como o Yahoo!.

Tive de admitir que o anúncio parecia ter sido feito por amadores. Mas ainda mais desanimadora do que a falta de profissionalismo do anúncio foi a resposta de Todd à minha pergunta. Parecia que uma divisão já estava se formando entre a equipe de Hangzhou e a equipe internacional de gestão. E, em vez de tentar enfrentar o problema, Todd parecia já estar desistindo.

Depois de ter passado vários anos trabalhando na China, eu sabia como era importante conquistar a amizade e a confiança dos colegas chineses. No meu primeiro emprego depois de formado na faculdade de administração, aprendi essa lição a duras penas. Eu era o responsável pelo marketing de uma linha de doces para crianças em uma multinacional de Pequim, e minha campanha foi um desastre. Dediquei muito tempo ao desenvolvimento de uma estratégia de marketing espetacular, mas não tempo suficiente tentando conquistar a confiança e o apoio dos colegas chineses. Oito meses depois, saí da empresa porque fui incapaz de me adequar ao modelo de gestão. Aprendi que, em uma empresa chinesa, a estrutura informal é tão importante quanto o organograma. E, antes de se concentrar na estratégia, é importante conhecer seus colegas de equipe.

– Tudo bem, entendo que a situação seja um pouco frustrante agora – eu disse –, mas, mais cedo ou mais tarde, eu gostaria de ir a Hangzhou para conhecer a equipe.

– Não acho que isso realmente seja uma prioridade agora – ele respondeu. – Mas, se tiver uma boa razão profissional para ir, então faria sentido.

Naquela mesma semana, David Oliver me avisou que Jack viria a Hong Kong.

– Porter, agora que você está cuidando das relações públicas do Alibaba, você precisa saber que um grande evento está sendo organizado para o Jack no fim de semana aqui em Hong Kong. Vai ser enorme, com muita gente da mídia.

Eu não conhecia o mundo da internet em Hong Kong e estava curioso para saber como era em comparação com o de Pequim. Quando cheguei ao evento, constatei imediatamente a diferença. O setor da internet em Pequim tinha sido criado do zero por empreendedores de origem humilde, com pouca experiência empresarial. Ao contrário das empresas estatais que dominavam o restante da economia chinesa, o setor da internet era uma meritocracia, onde boas ideias, trabalho duro e inovação eram muito mais importantes do que ter bons contatos. (Especialmente por ser um setor tão novo e ninguém saber ao certo quem era um bom contato.)

Por outro lado, a "nova economia" de Hong Kong parecia dominada por filhos e filhas de um punhado de magnatas tradicionais. Enquanto percorria o salão trocando cartões de visita, percebi que as pessoas conversavam menos sobre a visão ou os modelos de negócio de suas empresas e mais sobre qual magnata bancava a empresa ou quanto dinheiro elas tinham acabado de levantar. Com drinques em abundância e pessoas vestidas com ternos caros ou vestidos de festa, aquilo mais parecia uma première de cinema do que um encontro de *startups* de tecnologia.

Mesmo assim, o primeiro evento no qual Jack Ma discursaria em Hong Kong tinha atraído um grande público. Em uma cidade onde o dinheiro fala mais alto, o fato de o Alibaba ter levantado 25 milhões de dólares de investidores proeminentes bastou para chamar a atenção do mundo da internet. Vestido de modo mais informal que a maioria, Jack chegou e devagar foi abrindo caminho em meio à multidão, destacando-se por seu porte diminuto e seu físico franzino. Depois de ser apresentado pelo organizador do evento, Jack subiu ao palco:

– É muito emocionante estar aqui em Hong Kong, porque nosso escritório internacional está crescendo bastante nesta cidade e estamos montando uma equipe de gestão espetacular. O que torna Hong Kong tão especial é o fato de ter tantos gestores profissionais. E quase nenhum de meus cofundadores em Hangzhou tem experiência em negócios. Por isso eu disse a meus fundadores que eles não deveriam esperar ser os gestores seniores da empresa. Precisamos encontrar especialistas com sólida experiência empresarial para levar a empresa para o próximo nível. Vocês devem saber que fui professor de inglês. Portanto, não sei nada sobre como comandar uma empresa. E, depois de quatro anos, pretendo renunciar ao cargo de CEO e passar a empresa para uma nova geração de gestores.

Parecia um ponto de vista maduro. Ele reconhecia suas limitações e as de seus cofundadores e sabia quando passar o bastão. Jack prosseguiu:

– Então, o que é o Alibaba? Fiz uma palestra em Cingapura sobre e-commerce na Ásia. Quando olhei para o painel de palestrantes, vi que todos eles eram americanos. E pensei que a Ásia é a Ásia e a América é a América. A Ásia tem um jeito próprio de fazer e-commerce. Por isso, nosso objetivo com o Alibaba é ser o maior mercado business-to-business [B2B] do mundo. Vamos combinar a sabedoria asiática com as operações ocidentais.

O público aplaudiu, ao mesmo tempo inspirado e entretido. As pessoas estavam começando a se entusiasmar com Jack.

– Os sites business-to-business do Ocidente querem as grandes empresas, as "baleias". Mas na Ásia o comércio é dominado pelos "camarões". Então, nós vamos atrás dos camarões. É fácil pescar camarão. Mas você pode se machucar se tentar pescar uma baleia.

O público riu. Alguém levantou a mão: era um analista de um grande banco de investimentos.

– Isso tudo é ótimo, Jack, mas qual é o seu modelo de receita?

– Bem, poderemos ganhar dinheiro de várias maneiras no futuro. Mas, neste exato momento, nosso site é totalmente gratuito, porque queremos atrair novos clientes. Quando nossos clientes ganharem dinheiro, nós também vamos ganhar dinheiro.

– Mas você não respondeu à minha pergunta – o analista insistiu. – Como vocês vão ganhar dinheiro?

– Se eu contasse, teria de matar você – Jack brincou.

Essa observação foi seguida de risadas e sorrisos camuflados. Sim, Jack era engraçado. Mas ele estava tentando convencer uma plateia cheia de investidores e banqueiros de que não deviam pensar em lucros por enquanto.

– Vamos ganhar muito dinheiro algum dia – Jack continuou. – Mas neste momento estamos avançando rápido demais para faturar.

No dia seguinte, meus colegas do escritório de Hong Kong encaminharam um artigo publicado em um importante site de notícias do setor, o Internet.com: "O Alibaba está avançando rápido demais para faturar, declara o CEO, Ma". Em uma época na qual as empresas pontocom estavam sendo cada vez mais pressionadas a gerar receita, o artigo cáustico não foi bem recebido. E, como chefe da área de relações públicas, fui o primeiro a saber do artigo.

– Porter, o que é isso? – uma diretora recém-contratada me perguntou. Ela tinha acabado de largar um emprego em um grande banco de investimentos, com um generoso pacote de remuneração, para trabalhar no Alibaba, e não parecia estar gostando muito do estilo do novo chefe. – A gente realmente precisa enterrar essa história do Jack Ma. Ele foi um grande fundador, mas não pode continuar falando desse jeito. Assim ninguém vai nos levar a sério. Somos um mercado business-to-business!

Outro gerente me puxou de lado e falou:

– Já passou da hora de o Alibaba tirar os holofotes de Jack e colocar o foco nos outros gestores, mais experientes. O que Jack diz não tem nada a ver com nada.

Parecia consenso entre muitos executivos recém-contratados para Hong Kong que nosso CEO estava prejudicando a imagem da empresa. Achei estranho, mas não muito surpreendente, que alguns expatriados quisessem assumir logo o gerenciamento da empresa. Eles sempre haviam trabalhado em multinacionais e estavam acostumados a dar ordens ao pessoal local, e não o contrário. Nesse caso, porém, as pessoas pareciam estar se esquecendo de quem tinha contratado quem.

Os comentários de meus colegas foram o segundo sinal de uma discreta divisão que se formava entre os gestores seniores em Hong Kong e a equipe fundadora em Hangzhou, uma divisão que poderia facilmente se transformar em um abismo. Decidi que precisava ir à sede em Hangzhou assim que possível para conversar com a equipe da China continental. Se o iceberg do Alibaba começasse a se desprender da geleira em Hong Kong, eu não queria ficar à deriva em mar aberto.

Naquela mesma semana, recebi um fax que me deu a desculpa de que eu precisava para ir a Hangzhou. Era um pedido de Justin Doebele, um jornalista da *Forbes* que estava começando a escrever uma matéria sobre o Alibaba para uma edição da revista focada em sites B2B. Ele queria ir à sede da empresa para conversar com Jack e os outros fundadores e conhecer a companhia. Então eu o convidei para ir comigo ao continente, onde a empresa havia organizado um retiro para a equipe de Hangzhou. Torci para que a situação no continente se revelasse muito menos disfuncional do que o cenário que eu estava vendo em Hong Kong até o momento.

5

A caverna do Alibaba

Brian Wong e eu andávamos de um lado para o outro na área de desembarque do aeroporto de Xangai, matando o tempo, enquanto esperávamos a chegada do avião de Justin Doebele.

– Ei, cara, sorte a sua ter entrado na empresa agora – disse Brian. – Pelo menos a equipe de Hangzhou finalmente se mudou para um novo escritório no mês passado. Eu passei o inverno inteiro trabalhando no apartamento do Alibaba. Era tão frio que a gente precisava trabalhar de luva.

No pouco tempo em que vínhamos trabalhando juntos, Brian e eu já havíamos desenvolvido uma rivalidade cordial. Ele gostava de se valorizar, contando casos dos "tempos difíceis" da empresa, antes de a vida no Alibaba ter se tornado mais confortável.

– É... Deve ter sido muito mais difícil do que morar com seus pais em Palo Alto – revidei. – Você deve ter passado o inverno inteiro com crises de abstinência, sem o seu frappuccino da Starbucks.

Brian riu.

Recebemos Justin e dirigimos duas horas até o Lago Nanbei, uma área de resorts à beira do lago entre Xangai e Hangzhou. Justin, que é alto, magro e ligeiramente formal, tinha acabado de ser nomeado diretor do escritório da *Forbes* na Ásia. Ele morava em Cingapura e estava em Xangai para escrever sobre Jack Ma e o Alibaba.

Para mim, sendo o novo responsável pelas relações públicas da empresa, era um tanto quanto arriscado trazer o diretor da sucursal asiática de uma grande revista de negócios justo em minha primeira visita à sede do Alibaba, já que eu não fazia ideia do que encontraria. Era como levar um freguês à cozinha do restaurante. Ainda por cima, como o resort não tinha quartos suficientes, Justin precisaria dividir um dos chalés comigo, um notório roncador. Mas raciocinei que, para uma *startup*, qualquer publicidade era boa publicidade, e achei que seria mais interessante optar pela franqueza.

Chegamos ao Lago Nanbei e encontramos a equipe do Alibaba, cerca de cem homens e mulheres jovens, agitados e empolgados, circulando entre os pequenos chalés do resort. Aquele seria o primeiro retiro da empresa fora do escritório e uma chance de retomar o fôlego depois de um crescimento tão rápido e frenético. Nenhum dos expatriados de Hong Kong havia comparecido ao retiro, o que me pareceu estranho para um evento que supostamente deveria incluir a empresa toda, e achei que eles estavam perdendo uma boa oportunidade de criar vínculos com seus colegas chineses.

Primeiro fomos jantar em um grande refeitório com mesas redondas. Transbordando de empolgação e expectativa, as pessoas pareciam dispostas a fazer uma longa refeição, rindo e batendo papo enquanto eram servidos pratos e mais pratos da culinária regional. As bandejas giratórias das mesas rodavam sem parar, e os funcionários se serviam com pauzinhos da deliciosa comida local enquanto retiniam seus copos de cerveja em brinde após brinde.

Fiquei impressionado com a cordialidade do encontro. Não parecia uma empresa comum. Era muito mais como uma grande família. Justin e eu fomos convidados a nos sentar a uma mesa com vários de meus novos colegas. Quase todos estavam na faixa dos 20 anos e tinham uma grande variedade de formações e experiências. Filhos e filhas de lavradores, operários e empresários, a maioria havia entrado na empresa naquele primeiro mês desde que eu assinara meu contrato.

Conversando informalmente com a equipe, me surpreendi ao entender a importância daquilo tudo para eles. Vários anos antes, até chineses com formação universitária eram alocados a empregos escolhidos pelo governo e tinham pouco controle sobre o próprio futuro. As opções para os jovens eram terrivelmente limitadas. O melhor que podiam esperar era conseguir um emprego em uma estatal, no governo ou, se realmente sonhassem grande, em uma empresa multinacional. Em comparação com as oportunidades disponíveis aos expatriados em Hong Kong, poucos lugares na China permitiam aos jovens forjar o próprio caminho. Para eles, o Alibaba representava esperança.

Pensar em tudo isso me deu uma sensação de culpa. Lá estava eu, um expatriado ganhando quase 50 vezes mais que muitos dos colegas chineses que me haviam contratado. No entanto, eles me recebiam de braços abertos. Minhas preocupações iniciais relativas ao dinheiro se dissiparam quando comecei a me dar conta da importância da missão do Alibaba. Se pudéssemos transformar o Alibaba em uma verdadeira história de sucesso, seríamos capazes de afetar profundamente o futuro desses jovens talentosos.

Depois do jantar, fomos a um salão de dança. A simplicidade do ambiente fora transformada com cortinas de veludo e globos de luz de discoteca multicoloridos. O salão lotou, e cadeiras foram enfileiradas junto às paredes. Sentamo-nos nas cadeiras, uns de frente para os outros. Jack subiu ao palco e se dirigiu a nós tentando falar mais alto do que a intensa reverberação da máquina de karaokê:

– Uau! Quando fundamos o Alibaba, nunca imaginei que um dia teríamos tanta gente. É difícil acreditar na rapidez do nosso crescimento. Estou muito satisfeito com nosso progresso até agora. O Alibaba já tem cerca de 200 mil membros inscritos e empresas cadastradas de quase todos os países do mundo. É um bom começo, mas na verdade é só o início de nosso sonho. Sei que muita gente acha que é loucura, mas precisamos fazer todo o possível para atingir nossa meta de ter 1 milhão de usuários do Alibaba no mundo todo, até o fim do ano.

A plateia aplaudiu.

– Demos um duro danado, e estou muito feliz porque finalmente fizemos nosso primeiro retiro de funcionários – continuou Jack. – Agora temos escritórios em Londres, Hong Kong e no Vale do Silício, e muitos novos e excelentes gestores e funcionários de todo o mundo entram no Alibaba todos os dias. Nem todos puderam vir hoje, mas temos alguns *laowai* [estrangeiros] presentes. Então, por que não convidamos Porter, responsável pelas relações públicas internacionais de nossa empresa, para subir ao palco e dizer algumas palavras? Porter?

A plateia ficou em silêncio e cravou os olhos em mim enquanto eu caminhava em direção ao palco. Para Jack Ma, o professor de inglês, era natural interagir com os ocidentais. Mas a maior parte da equipe nunca havia trabalhado com um estrangeiro, e era bem provável que eles nunca tivessem nem falado com um. Então me senti levemente pressionado a acertar o tom e vencer essa barreira cultural.

No meu chinês longe de perfeito, recorri ao meu limitado acervo de piadas para quebrar o gelo.

– Peço desculpas porque meu chinês não é tão bom, e algumas pessoas aqui podem não entender direito o que estou dizendo. Mas saibam que isso é normal. Nem eu entendo direito o que estou dizendo.

A plateia caiu na risada e aplaudiu. *Ufa*, pensei, *gelo quebrado*. Continuei:

– Em nome de todos os estrangeiros que acabaram de entrar na empresa, eu gostaria de dizer que estamos muito animados por fazer parte da equipe. Vamos atrás do maior sonho de todos: criar uma empresa global na China. Eu e os outros estrangeiros da equipe estamos muito empolgados em trabalhar junto com vocês.

A plateia deu uma calorosa salva de palmas. Apesar das deficiências do meu chinês, sempre achei que o simples fato de tentar falar a língua ajudava muito a me entrosar com os chineses. Minhas palavras foram bem recebidas, mas, no fundo, eu não conseguia deixar de me preocupar um pouco com o tamanho do abismo entre os expatriados de Hong Kong e os funcionários da China continental.

Jack disse mais algumas palavras e concluiu a programação da noite.

– Não esqueçam, pessoal. Nós venceremos. Vamos conseguir. Porque somos jovens. E nunca vamos desistir.

Parecia tão simples, até um pouco ingênuo. Passei os olhos pela sala e me perguntei: "Será que esta equipe vai mesmo conseguir enfrentar os titãs americanos da internet?". No entanto, o otimismo deles era de algum modo contagiante. Fazia a gente querer acreditar.

No dia seguinte, percorremos o trajeto de duas horas de carro até o novo escritório do Alibaba em Hangzhou, parando na beira da estrada para colher brotos de bambu, que os funcionários queriam levar para comer com a família no jantar daquele dia. O escritório ficava em um edifício pouco atraente nos arredores de Hangzhou, mas o interior fervilhava de atividade. Com Justin a tiracolo, percorremos os corredores movimentados. Não ficou muito claro se as pessoas sabiam exatamente o que estavam fazendo, mas elas certamente pareciam estar se divertindo.

Em uma extremidade do escritório, topamos com uma pesada porta. Curiosos, nós a abrimos e demos de cara com um salão escuro cheio de beliches ocupados por engenheiros que tiravam uma soneca. O fedor de mau hálito e meias sujas enchia o ar, pontuado por roncos periódicos. Brian me contara que, no apartamento original do Alibaba, era comum a equipe dormir no chão, e parecia que essa peculiaridade cultural da empresa tinha sido transportada ao novo escritório. Aquele era um bom indicador do quanto a equipe trabalhava duro.

Deixei Justin esperando do lado de fora da sala de Jack e entrei para orientar Jack antes da entrevista. Era a primeira vez que eu o preparava para uma ação de relações públicas e queria ter certeza de que ele entendia a importância da entrevista.

– Jack, é a revista *Forbes*. É a mais antiga e uma das mais influentes revistas de negócios dos Estados Unidos. Esta entrevista é importantíssima. Eles estão preparando uma grande matéria sobre empresas B2B. E estão até pensando em colocar o Alibaba na capa.

– É mesmo? – ele se mostrou surpreso. – Parece bem importante. O que você acha que eu devo dizer?

Pensei um pouco sobre a equipe de Hong Kong e a solicitação deles de manter Jack fora dos holofotes... ou, pelo menos, de tornar a mensagem dele relevante. Depois olhei para Jack e pensei na equipe que eu tinha acabado de conhecer no retiro.

– Seja você mesmo, Jack. Foi assim que você chegou até aqui.

Justin entrou. Jack saltou de um assunto para o outro, contando sua história de vida e falando de sua visão para o Alibaba. Em vez de divagar sobre modelos de negócio tediosos e teorias de administração sem a menor graça, Jack falou usando metáforas. Na era da internet, ele explicou, "é preciso correr com a rapidez de um coelho, mas ter a paciência de uma tartaruga".

Justin adorou cada palavra. Jack não falava como um CEO. E era isso que o tornava tão fascinante.

6

Uma volta ao mundo com Jack

O sol de maio rompeu as nuvens, atingindo as árvores floridas. Era Berlim em seu melhor. Saindo de um inverno frio e melancólico, berlinenses e turistas lotavam os cafés ao ar livre e os "jardins de cerveja" (*Biergarten*) da cidade para celebrar a chegada da primavera. Diante da cena, fiquei maravilhado com minha sorte de poder trabalhar em uma empresa chinesa e ao mesmo tempo passar algumas semanas na primavera de 2000 viajando pela Europa.

Passeei pela cidade com Jack e Abir Oreibi, o diretor recém-contratado para cuidar das novas operações europeias do Alibaba. Abir nasceu na Líbia, foi criado na Suíça e já tinha morado em Xangai. Fluente em cinco idiomas, era o guia perfeito para apresentar a Europa a Jack e a mim. Jack caminhava animado, fazendo perguntas a Abir sobre Berlim com uma curiosidade jovial. Unidos por um interesse comum em línguas e culturas estrangeiras, nós três nos entrosamos instantaneamente.

Além de explorar Berlim, nossa turnê europeia tinha um objetivo comercial sério. Aquela seria nossa grande investida de relações públicas na Europa. Havíamos organizado uma turnê de imprensa passando por três cidades para que Jack gerasse alguma publicidade para o Alibaba e atraísse importadores e exportadores europeus para o Alibaba.com. Com Barcelona, Berlim e Londres na programação, esperávamos que nossa viagem à Europa gerasse uma boa conscientização a respeito do site por meio de uma série de eventos de grande visibilidade e entrevistas na mídia.

Chegamos ao enorme centro de convenções Messe Berlin e fomos recebidos por banners da Internet World 2000 e fileiras e mais fileiras de bandeiras corporativas se agitando ao vento. Enquanto pegávamos nossos crachás, milhares de participantes e expositores entravam e saíam do local. Era exatamente como tínhamos imaginado. Sendo a maior conferência da internet na Europa, a Internet World era o melhor lugar para divulgar nosso site. Cheios de esperança, abrimos caminho até chegarmos à área de palestrantes, onde Jack estava programado para falar.

Decididos a entrar em grande estilo, escancaramos as portas de uma sala de 500 lugares. Mas... só havia três pessoas lá.

Será que estávamos na sala certa? Checamos de novo o mapa das salas de conferência. Sim, aquela era a sala certa. Pelo jeito, a revolução do Alibaba ainda não tinha chegado à Europa.

Um membro da equipe da Internet World subiu ao palco e se inclinou para o microfone.

– Nosso próximo palestrante é o fundador e CEO do Alibaba.com. Por favor, deem as boas-vindas a Jack Ma.

O som cavo de seis mãos batendo palmas ecoou pela sala.

Jack subiu ao palco com agilidade, encheu-se de coragem e, empolgado, começou a falar para a sala repleta de assentos vazios. Sua palestra focou tanto sua vida como a história do Alibaba. E, como das outras duas vezes em que eu o vira falar em público, foi extremamente divertido. Jack era um grande contador de histórias, e Abir e eu ficamos de pé no fundo da sala, rindo.

Os aplausos foram entusiásticos, mesmo vindo de apenas três pessoas. Bem, talvez não tivéssemos conquistado a Europa, mas nossa viagem a Berlim havia conquistado pelo menos três novos revolucionários.

Jack desceu do palco e perguntou para mim e Abir:

– Então, o que vocês acharam?

– Foi um grande discurso, Jack. Pena que não tinha mais gente para ouvir.

Com um sorriso maroto, Jack inclinou-se e sussurrou:

– Não se preocupem. Quando a gente voltar aqui, este lugar estará lotado.

7

A queda do tapete voador do Alibaba

Apesar do fracasso em Berlim, nossas paradas em Londres e Barcelona foram recebidas com maior entusiasmo, e a imprensa internacional estava começando a demonstrar maior interesse. Em julho de 2000, ganhamos um grande impulso quando a *Forbes* colocou o artigo de Justin Doebele sobre Jack Ma na capa da edição “O Melhor da Web: B2B”. A cobertura ajudou a alçar o reconhecimento global do Alibaba a um novo patamar e nos deu a credibilidade da qual precisávamos para atrair empresas para o site.

Ao mesmo tempo, o tráfego do site do Alibaba continuava a crescer à medida que pequenas empresas decidiam experimentar o e-commerce. A cada dia adicionávamos milhares de novos membros, enquanto o alcance do site se estendia em nível global. Fabricantes postavam seus catálogos de produtos no site. E compradores do mundo todo faziam consultas aos vendedores. Embora o site fosse pouco mais do que um painel de mensagens para as empresas postarem anúncios comerciais, oferecia uma maneira nova e de bom custo-benefício para que importadores e exportadores se encontrassem. A empresa não estava gerando muita receita, mas o mercado crescia junto com a reputação do Alibaba, tanto dentro como fora da China.

No entanto, apesar de a reputação e o tráfego cada vez maior do Alibaba darem aos observadores a impressão de que estávamos em uma trajetória de plena ascensão, a verdade era que a organização enfrentava um perigoso período de desordem. Com Jack viajando constantemente para falar em conferências e eventos de imprensa e nenhum diretor de operações para administrar o funcionamento da empresa no dia a dia, havia um vácuo de liderança. A empresa tinha crescido com muita rapidez, e o caos começava a desmantelá-la.

Reuniões de rotina chegavam a contar com 30 pessoas, cada uma gritando mais alto que a outra para se fazer ouvir. Os funcionários tinham liberdade para definir o próprio cronograma, o que tornava impossível coordenar as decisões. Não era raro que os novos empregados chegassem à empresa no primeiro dia de trabalho e descobrissem que não tinham responsabilidades definidas nem linhas claras de hierarquia. Essa desorganização levava a situações embaraçosas – por exemplo, um novo funcionário ficou uma semana sentado à sua mesa, fingindo trabalhar, com medo de ser despedido se perguntasse quem era seu chefe.

Ao mesmo tempo que as operações saíam do controle, a estratégia do Alibaba também estava caótica. Sob uma pressão cada vez maior para desenvolver um modelo de negócio viável, a empresa lançava praticamente uma nova iniciativa por dia, tentando encontrar uma ideia de produto capaz de gerar receita e cobrir os custos crescentes da empresa. Tentamos anúncios em banners. Parcerias de compartilhamento de receitas. Desenvolvimento de sites para pequenas empresas. Tentamos de tudo, mas nada dava certo. Era uma corrida por faturamento. E uma corrida que estávamos perdendo.

Depois de ver que a equipe de Hangzhou não estava conseguindo encontrar um produto pelo qual os clientes estariam dispostos a pagar, a equipe internacional de gestão de Hong Kong decidiu que precisávamos implantar nossa segunda melhor solução: criar o que os investidores queriam. Com a indústria da internet em queda livre e as pontocom com grandes dificuldades para atrair investidores, o consenso dos analistas dos principais bancos de investimento era que, para criar um mercado B2B de sucesso, seria necessário montar uma plataforma que permitisse a compradores e vendedores ao redor do mundo fazer transações de ponta a ponta. Por exemplo, se você fosse um varejista de artigos esportivos nos Estados Unidos, poderia comprar 10 mil raquetes de tênis diretamente de um fabricante da China com apenas um clique do mouse. Ou, se você fosse um importador de utensílios de cozinha do Uzbequistão, encomendar 2 mil canecas de café de um fabricante vietnamita seria tão fácil quanto comprar um livro na Amazon.

Em meados de 2000, os gestores de estratégia da equipe de Hong Kong convenceram Jack de que, para construir essa ampla plataforma de comércio global, o Alibaba teria de transferir as operações do site de Hangzhou para o Vale do Silício.

– É onde estão todas as empresas globais de internet, Jack – eles argumentaram. – Se queremos criar um site em inglês para o mundo inteiro, precisamos ir aonde o pessoal qualificado está.

Parecia um argumento válido. Afinal, não havia precedentes de um site global operando a partir da China. E, olhando para a equipe em Hangzhou, até Jack deve ter questionado a capacidade de seu pessoal de competir com os talentos do Vale do Silício. Assim, ele anunciou à equipe que transferiria o site em inglês do Alibaba da China para a Califórnia.

– É a decisão que precisamos tomar. Pode ser a decisão errada, mas eu sempre tenho uma coisa na cabeça: na era da internet, uma decisão errada é melhor que nenhuma decisão.

Logo depois, um grupo dos principais gestores do Alibaba foi transferido para os Estados Unidos. John Wu, o recém-contratado diretor de tecnologia que tinha vindo do Yahoo! americano, ficaria encarregado de liderar a equipe de engenharia nos Estados Unidos. Em poucos meses, o Alibaba tinha contratado cerca de 30 funcionários para o escritório americano, em Fremont, na Califórnia.

A decisão foi apresentada tanto aos funcionários como ao mercado como um indicativo da crescente globalização do Alibaba, mas acabou se provando um desastre, e a empresa despencou em queda livre. As diferenças de fuso horário, a distância e as barreiras do idioma derrubaram a eficiência da comunicação entre as equipes. No momento em que a equipe chinesa acordava de manhã, a equipe americana concluía seu dia de trabalho. E, em pouco tempo, o Alibaba havia se transformado em um monstro de duas cabeças, em que cada uma tomava uma direção diferente. Com uma grande verba para publicidade, custos crescentes com pessoal no escritório do Vale do Silício e receitas insuficientes para pagar a conta toda, o Alibaba estava ficando sem dinheiro. A empresa estava em crise. Algo precisava ser feito.

8

De volta à China

O sol da manhã atravessou as persianas, lançando fatias de sombras na parede. Grogue e desorientado devido à mudança de fuso horário, passei os olhos pelo quarto desconhecido, tentando lembrar onde estava. Do lado de fora da porta vinha o som de vozes abafadas falando um dialeto estranho, e de repente me lembrei de tudo. Na sôfrega tentativa de evitar o inevitável, cobri a cabeça com o cobertor e passei as horas seguintes entrando e saindo do sono.

Mas nada podia deter o relógio. A casa estava despertando. Primeiro ouvi as portas dos banheiros abrindo e fechando. Depois o retinir de panelas e frigideiras. Quando a TV foi ligada, proclamando aos berros o noticiário chinês, soube que não tinha mais como me esconder. A equipe estaria esperando. A ideia de vê-los me enchia de apreensão.

Vesti a calça, enfiei uma camisa e desci a escada cambaleando. Na sala de estar, encontrei uma bagunça de pauzinhos usados, pratos sujos, travesseiros e cobertores amassados. Rente à parede, os computadores tinham sido instalados sobre frágeis mesas de carteado. Ao lado deles, havia restos de macarrão instantâneo que deviam estar lá há dias, a julgar pela massa crocante e endurecida no fundo das tigelas. As cortinas estavam fechadas, deixando ainda mais abafada a sala já dominada por uma nuvem rançosa de hálito matinal.

Se eu estivesse na China, não me espantaria com a cena. Mas eu não estava na China. Estava em Fremont, na Califórnia. E aquela era a Alibaba House.

Apenas três dias antes, eu estava sentado à minha mesa em Hong Kong, ansioso para encerrar o dia e aproveitar o cruzeiro que me aguardava no fim de semana. Então Joe Tsai ligou. Estávamos reduzindo a equipe no nosso recém-inaugurado escritório no Vale do Silício. Ele queria que eu fosse com Jack à Califórnia para dar a notícia. E, ainda por cima, eu ficaria hospedado na Alibaba House.

A Alibaba House, como constatei, era a versão americana do apartamento no qual o Alibaba fora fundado. Na empresa, o apartamento já era tão lendário quanto a garagem da Apple ou o trailer do Yahoo! e tinha se tornado um símbolo da cultura frugal do Alibaba, em que não se desperdiçava dinheiro. Parecia que a mesma cultura fora aplicada na filial dos Estados Unidos, e, para poupar as despesas com hotel, a empresa alugara uma casa em um elegante subúrbio de Fremont para acomodar os membros da equipe enviados de Hangzhou. A empresa alugara a casa na primavera de 2000, quando nossa expansão nos Estados Unidos parecia ilimitada. Agora, apenas seis meses depois, e com muitos dos funcionários chineses já chamados de volta à sede em Hangzhou, a Alibaba House parecia assombrada por seus fantasmas.

Olhei ao redor, imaginando o que meus colegas de faculdade pensariam se me vissem naquela verdadeira república estudantil com meus companheiros de trabalho. Eu estava vivendo como um estrangeiro no meu próprio país. Meus ex-colegas sem dúvida estavam comendo lagosta no restaurante de algum hotel cinco estrelas do Vale do Silício ali por perto. Enquanto isso, eu tinha de revirar a geladeira em busca de qualquer alimento com um rótulo legível.

Empoleirados diante do televisor, dois chineses empunhavam pauzinhos, comendo lámen ruidosamente e se informando sobre as últimas notícias da China. Eles pareceram surpresos ao me ver descendo a escada. Pelo visto ninguém os avisara que teriam um novo colega de casa naquela semana. O constrangimento se intensificou quando os cumprimentei em inglês, ao que eles reagiram com uma expressão confusa. Quando passei para o mandarim, ficaram mais relaxados.

– Oi, meu nome é Porter. Sou o encarregado das relações públicas internacionais da nossa empresa.

– Ah, oi! Somos engenheiros – um deles disse. – Estamos trabalhando na transferência do site em inglês para os Estados Unidos.

Eles haviam chegado ao país algumas semanas antes e ainda estavam empolgados com os novos ares. Morar e trabalhar no epicentro mundial da internet era um sonho que poucos engenheiros da China teriam a chance de realizar. Os dois me contaram que, algum tempo atrás, a casa estava lotada de engenheiros de Hangzhou. Nas últimas semanas, porém, a densidade populacional da casa vinha encolhendo, à medida que os colegas eram chamados de volta à China. Quando me perguntaram o que eu estava fazendo nos Estados Unidos, não soube o que dizer. Como eu poderia contar que estava lá para demitir os colegas deles?

Fui salvo pela campainha. Era Tony Yiu, um fundador do Alibaba que tinha chegado para me levar de carro ao escritório.

– Você está pronto? – ele perguntou.

Na verdade, não, pensei, *mas vamos lá, mesmo assim.*

Naquele momento, sair pela porta da Alibaba House foi como sair da China e entrar na América. As cores revigorantes de gramados recém-cortados, placas de sinalização fluorescentes e um céu azul sem nuvens me lembraram de que eu estava de volta à Califórnia. Enquanto percorríamos o subúrbio de carro, eu me perguntava como é que alguma novidade podia ser inventada no Vale do Silício. Era tudo tão lustroso, tão bem-feito, com todas as vantagens possíveis. Até as lojas da rede Jamba Juice eram perfeitamente posicionadas para que ninguém tivesse de andar muito para ter acesso a algum tipo de suco natural. Em comparação com a China, que mais parecia um enorme canteiro de obras inacabadas, o Vale do Silício parecia pronto, como se tudo o que precisasse ser feito já tivesse sido feito. Eu imaginava que um dia todo mundo simplesmente pararia de trabalhar e ficaria passeando de patins até se aposentar.

Passamos por alguns poucos outdoors anunciando as pontocom que restavam, entramos em um pequeno condomínio de escritórios e paramos perto de um prédio reluzente de um andar, rodeado pelo estacionamento.

– Chegamos – Tony anunciou.

Entramos no escritório, e Tony me levou para conhecer a equipe. Encontrei uma mescla de ocidentais, sino-americanos e chineses, dos quais a maioria tinha passado vários anos estudando e vivendo nos Estados Unidos. Normalmente, conhecer novos funcionários era uma grande satisfação para mim, mas naquele momento de alguma forma eu me sentia o Anjo da Morte com a foice na mão. Estampei um sorriso tenso, sabendo que em poucos minutos eu estaria demitindo muitos deles.

Fui levado a uma sala onde Jack lia seus e-mails. Ele estava visivelmente preocupado com a tarefa que nos aguardava.

– Não sei o que dizer hoje – ele começou. – Passamos esse tempo todo crescendo, contratando pessoal. Esta é a primeira vez que vamos precisar demitir pessoas. Como vamos fazer isso?

Foi triste ver Jack naquela situação. Muitos funcionários estrangeiros podiam não considerá-lo um gestor digno de crédito, mas eu sabia que sem as boas intenções e o otimismo dele jamais teríamos chegado tão longe. Para uma empresa chinesa, abrir um escritório no Vale do Silício era um enorme motivo de orgulho. Passáramos os últimos meses viajando pela China, nos gabando da nossa equipe americana cada vez maior, ostentando-a como um sinal da importância global do Alibaba.

Depois de conversarmos sobre a melhor maneira de realizar as demissões, chamamos os funcionários para uma grande sala de reuniões. A atmosfera pesada era tangível, pois as pessoas pressentiam as más notícias que estavam por vir. Alguns ali estavam vendo Jack pessoalmente pela primeira vez, e eu temia que a sessão descambasse em hostilidades.

Assim que os todos os lugares ao redor da mesa foram ocupados, outra fileira de colegas se formou atrás deles, enchendo a sala até as paredes. Depois que todos haviam se acomodado, fechamos a porta, e Jack começou a falar:

– Quero que todos aqui saibam quanto valorizamos o empenho de cada um. Mas infelizmente tenho más notícias para dar. Vamos ter de cortar parte da nossa equipe.

As pessoas cravaram os olhos no chão. Jack prosseguiu:

– Alguns meses atrás, pensamos que seria melhor transferir nossas operações para o Vale do Silício. Todo mundo achava que, se a empresa queria um site em inglês, seria melhor fazer isso aqui. Os engenheiros estão aqui, os falantes de inglês estão aqui, e todo o pessoal da internet está aqui. Assim, na ocasião, realmente parecia a decisão certa. Porém, desde essa mudança, parece que criamos mais problemas na empresa do que em qualquer outro momento. Todo mundo aqui tem trabalhado muito duro em diferentes projetos, mas a comunicação entre o escritório americano e o escritório de Hangzhou é muito difícil. Quando vocês chegam para trabalhar, é o fim do dia útil em Hangzhou. Quando chegamos para trabalhar, vocês estão saindo do escritório. Parece que a comunicação é impossível, e estou sabendo que vocês se frustram com projetos iniciados e logo em seguida cancelados.

"Para todos nós, o Alibaba é um sonho. Todo mundo aqui se empenhou nesse sonho e acredita demais nele. Queremos fazer do Alibaba uma empresa para durar 80 anos. Mas, se quisermos transformar esse sonho em realidade, precisamos ser realistas. Neste momento, não faz sentido para nós ter um grande centro no Vale do Silício.

Se quisermos um dia retomar o crescimento da empresa, precisamos fazer cortes hoje.

"Vocês não têm ideia de como estou me sentindo mal, por vocês e pela família de vocês. No fim das contas, sou o responsável pelos nossos erros. Sinto muitíssimo por isso. Espero que um dia, quando a empresa se recuperar, possamos voltar a crescer e trabalhar juntos."

Foi um discurso emocionado e, como era o costume de Jack, vindo diretamente do coração. Passei os olhos pela sala e vi que a hostilidade que eu temia não se materializara. As pessoas pareciam respeitar a franqueza de Jack e estavam conformadas com a decisão que ele havia tomado. Só faltava informar quem seria demitido, e eu fui encarregado da tarefa.

Demitiríamos mais ou menos a metade dos funcionários, e um calafrio percorreu o escritório todo. Embora eu não conhecesse a equipe pessoalmente, meu estômago revirava cada vez que recebia um dos desventurados. A empresa ofereceu aos demitidos três meses de salário e lhes permitiu manter algumas de suas opções de ações. Para minha surpresa, muitos ficaram mais tristes por ter de deixar o Alibaba do que preocupados com o fato de estarem perdendo o emprego. Até mesmo alguns funcionários ocidentais, muitos dos quais não tinham nenhuma ligação pessoal com a China, pareciam apegados à empresa e à sua missão.

Ao voltar à Alibaba House, desabei no sofá, aliviado por ter chegado ao fim de um dia difícil. O futuro da empresa ainda era incerto, mas pelo menos estávamos tomando as dolorosas medidas necessárias para sobreviver. Também ficara claro que, se havia uma empresa que podia sobreviver com um orçamento minúsculo, essa empresa era o Alibaba. Afinal, nos primórdios da empresa, os fundadores tinham estipulado para si mesmos o mísero salário de 500 yuans (60 dólares) por mês. Em comparação com os funcionários de nossos concorrentes globais, seria mais fácil para nossa empresa voltar a sobreviver com um orçamento apertado. Nossa estratégia "De Volta à China" começara, e, se fosse necessário, a equipe poderia até voltar ao apartamento do Alibaba, cortando mais custos ao longo do caminho. No entanto, pensei, se tivéssemos um modelo de receita, poderíamos ter uma chance.

Alguns dias depois, já na China, Jack me ligou. Fiquei surpreso ao ouvir sua voz trêmula do outro lado da linha.

– Porter, posso fazer uma pergunta? – a voz dele estava entrecortada, parecia até que estava chorando.

– Claro, Jack. O que foi?

– Eu sou uma má pessoa?

Eu o conhecia há oito meses e, em todo esse tempo, nunca tinha visto o otimismo ou a confiança dele esmorecer.

– Como assim, Jack?

– Tenho recebido ligações da equipe, e estão todos furiosos comigo por causa das demissões. Sei que foi culpa minha, que fui eu que tomei essas decisões. E agora todo mundo está com raiva de mim. Mas você acha que sou uma má pessoa por causa do que fiz?

Eu podia ouvi-lo fungando do outro lado da linha. Fiquei triste por ele. Considerando todo o caos e a desorganização da empresa, aquela situação não me pegara de surpresa. Mas, em vez de me enfurecer com nosso CEO por ter deixado a empresa cair em tamanha confusão, eu era solidário a ele. Na minha cabeça, Jack ainda era apenas um professor de inglês que sonhava alcançar as estrelas. Era difícil culpá-lo por sonhar alto demais.

– Jack, você fez o que tinha de fazer. A empresa não sobreviveria se você não tomasse essas decisões.

– É, acho que você tem razão. Mas eu me sinto como se tivesse decepcionado todo mundo.

Conversamos por mais alguns minutos e desligamos. Fiquei ainda mais inquieto do que na manhã das demissões no escritório americano. Se Jack perdesse a confiança, quem restaria para nos encorajar?

9

Os últimos sobreviventes

Algum tempo depois que Jack e eu voltamos dos Estados Unidos, Joe me chamou à sua sala.

– Porter, preciso que você prepare um organograma do Alibaba – ele pediu. – Estamos trazendo outro candidato para o cargo de diretor de operações, Savio Kwan, e queria que você apresentasse o organograma na entrevista, para ele ter uma ideia melhor da estrutura da empresa.

Em qualquer outra organização, essa teria sido uma tarefa simples e objetiva, mas, no caso do Alibaba, era uma missão hercúlea. O Alibaba tinha quase dois anos de idade sem nunca ter tido um organograma. E posso dizer que não adorei ter sido encarregado da tarefa de tentar decifrar e botar no papel a massa amorfa que era a estrutura da nossa companhia.

O caos interno era o preço que pagávamos, mesmo quando Jack se vangloriava em público: "O Alibaba não faz planos". Novos departamentos eram formados e dissolvidos com tanta rapidez que ninguém sabia direito quem fazia o que e quem estava encarregado do quê. Era difícil tomar decisões no dia a dia sem pedir a opinião de Jack.

Decisões importantes relativas a pessoal, como contratações e demissões, eram tomadas sem procedimentos claros, o que resultava em raiva e ressentimento entre os membros da equipe que se sentiam tratados injustamente. Desenhar o organograma seria um inferno, mas a perspectiva de ter um adulto na casa, no papel de diretor de operações, bastava para me motivar.

Para dar início ao trabalho, entrei em contato com os gestores que me pareciam os encarregados dos diversos departamentos criados nos seis meses anteriores, quando a empresa passara de 40 funcionários para um quadro de pessoal com várias centenas. Como seria de esperar, minhas suposições nem sempre estavam corretas. Igual bolinha em máquina de fliperama, me atiravam de um lado para o outro, até chegar a colegas que claramente não sabiam quais departamentos existiam na empresa e muito menos quem estava encarregado deles. Depois de esboçar o melhor organograma que consegui, percebi que nem todo mundo tinha sido incluído. Em parte para me resguardar de qualquer eventualidade e em parte como uma piada irônica para mim mesmo, incluí um asterisco ao lado do organograma e, na parte de baixo da página, escrevi:

> * Se você não foi incluído neste organograma, isso não significa que você não trabalhe no Alibaba.

Quando me reuni com Savio para uma conversa, ele parecia tão confuso quanto eu. Na verdade, ele estava estafado com todo o processo de entrevistas do Alibaba.

– Então, com quem você falou até agora? – perguntei.

– Tive umas oito reuniões até agora com os fundadores e realmente parece que tem muita confusão na empresa.

Savio era um veterano de gestão com 25 anos de experiência, incluindo 15 só na General Electric, e ele sem dúvida estava acostumado com organizações mais estruturadas. No processo de entrevistas do

Alibaba, ele tinha sido jogado de um gestor para o outro sem as devidas apresentações.

– Não consigo entender por que essa gente toda está me entrevistando. É muito pouco convencional para um novo diretor de operações ser entrevistado por seus potenciais subordinados. E ninguém parece saber ao certo qual é a estratégia ou quais são as prioridades da empresa.

Fiquei com medo de já termos afugentado Savio. Na tentativa de tranquilizá-lo, abri uma pasta e de lá tirei o organograma do Alibaba que eu havia criado, juntamente com alguns artigos e materiais informativos sobre a empresa, o que proporcionava a apresentação mais abrangente a respeito do Alibaba que era possível na ocasião. Ele respirou fundo e pareceu um pouco mais à vontade.

– Depois de oito reuniões, esta é a primeira vez que alguém me apresenta algum tipo de visão geral do Alibaba – ele comentou. Eu me perguntava o que fora falado nas reuniões anteriores.

Savio se acomodou e me contou um pouco a seu respeito. Tinha nascido e crescido em Hong Kong, estudado em Londres e por fim voltara à China para ajudar a liderar a unidade de equipamentos médicos da GE nos anos 1980 e 1990. Ele trabalhara na China em uma época em que poucas pessoas de Hong Kong se dispunham a ir para lá, o que lhe garantiu uma posição privilegiada para testemunhar a transição do país, de uma economia planificada para uma economia de mercado. Foi reconfortante saber que ele trabalhara na China antes de isso virar moda e que ele provavelmente estava acostumado com ambientes um tanto quanto rudimentares.

Savio não era a primeira pessoa que eu entrevistava para aquele cargo, e minha primeira impressão foi que não era o melhor candidato. Seu jeito caloroso e jovial até me dizia que ele poderia se encaixar bem na equipe, e os cabelos grisalhos sugeriam experiência, mas eu me preocupava com o fato de ele não ter experiência no ramo de atuação do Alibaba nem a determinação necessária para impor ordem ao caos da nossa empresa. Eu preferia o primeiro candidato que entrevistara, um *country manager** forte e valente (até meio insolente) de uma grande multinacional de tecnologia que atuava na China e parecia capaz de contribuir com pulso firme para o Alibaba. Savio parecia quase cordial demais. Eu disse o que pensava a Joe Tsai.

– Então você gostou do outro cara? – Joe comentou. – Bom, acho que não vamos conseguir ficar com ele. Ele tem um cargo bem alto na empresa em que está, e neste mercado seria difícil convencê-lo a entrar em uma pequena *startup* como o Alibaba.

Em janeiro de 2001, anunciamos Savio como nosso novo diretor de operações. Poucas semanas depois, Savio me surpreendeu com sua firmeza e determinação, cortando a maioria do pessoal internacional que tinha permanecido na empresa. Ele começou reduzindo a equipe de Hong Kong, mantendo apenas alguns funcionários do setor financeiro e do administrativo. Depois, reduziu o que sobrou do nosso escritório dos Estados Unidos, deixando apenas um ou dois especialistas técnicos. A rapidez dessas ações foi um choque, e fiquei com uma estranha sensação de solidão diante da saída até dos membros da equipe com quem eu tinha diferenças de opinião. Tirando Abir Oreibi na Europa e alguns outros funcionários internacionais, eu era o único sobrevivente do grupo que fora contratado mais ou menos na mesma época que eu.

Embora dolorosas, as demissões foram importantíssimas para estancar a hemorragia financeira do Alibaba. Jack já devia saber disso, mas foi necessário alguém de fora, que não tivesse um relacionamento pessoal com os funcionários, para executar a medida. Na sequência das demissões, cheguei ao escritório e me deparei com fileiras e mais fileiras de mesas vazias onde antes meus colegas costumavam trabalhar.

Ao desmontar a equipe internacional, a empresa tentou ser justa. Os funcionários demitidos puderam escolher entre três meses de salário ou

* *Country manager* é o funcionário que assume a responsabilidade de comandar uma empresa multinacional em um novo país. [N. T.]

um mês de salário mais o equivalente a dois anos de suas opções sobre ações diferidas. Insatisfeitos e sem botar fé no futuro da empresa, muitos dos gestores demitidos optaram pelo salário integral de três meses, preferindo não ficar com certificados de ações sem valor de uma empresa que parecia estar indo rumo à falência.

O passo seguinte de Savio foi mais simbólico: retirar os beliches da sede do Alibaba em Hangzhou.

– Essa situação é insustentável – ele afirmou. – Se as pessoas estão cumprindo turnos de 24 horas, vão ficar completamente esgotadas. Elas precisam passar um tempo com a família e ter uma vida fora do Alibaba, ou não vão durar muito tempo na empresa.

Por um lado, eu concordava com esse argumento. Mas, por outro, me preocupava com o fato de ele não só estar reduzindo o pessoal como também estar reduzindo as horas de trabalho dos que tinham ficado. Será que ele não estava aplicando a cultura operacional de uma grande empresa ao Alibaba sem ter grandes justificativas para isso?

Com seus cortes rápidos e ousados de pessoal, Savio havia derrubado minha impressão inicial de que ele não tinha pulso firme. Mas cortar custos era uma coisa. Desenvolver um negócio era outra, completamente diferente. E as manobras seguintes de Savio não me impressionaram. Em vez de tomar as rédeas da empresa, definindo a estratégia e seguindo em frente com um plano de execução ousado, Savio decidiu focar a alta gestão em um prolongado processo para definir a missão, a visão e os valores da empresa.

Já não passamos mais de um ano falando a respeito disso?, pensei comigo mesmo. Se havia uma coisa que o Alibaba sabia fazer bem era falar sobre sonhos e valores. A mim parecia que nosso problema era termos metas grandiosas e poucos resultados tangíveis. Com o dinheiro acabando, não deveríamos estar fazendo mais do que meramente elaborar discursos corporativos típicos em apresentações de PowerPoint?

Depois de alguns meses no cargo, Savio foi ao escritório em Xangai, onde eu trabalhava, para apresentar o que Jack e os cofundadores do Alibaba vinham fazendo. Savio nos guiou pela apresentação de slides:

> Como vocês sabem, passamos por muitas mudanças organizacionais nos últimos meses, com o corte de pessoal e a transferência de nossas operações para a China, mas precisamos deixar claro para todo mundo que só temos duas opções a partir deste ponto: crescer ou morrer. Todos nós acreditamos no futuro desta empresa e temos uma grande vantagem sobre todos os nossos concorrentes estrangeiros, que é nossa capacidade de manter os custos bem mais baixos na China. Então, com nossos concorrentes caindo um a um, só precisamos fazer uma coisa: ser os últimos sobreviventes.
>
> Venho conversando com Jack e os fundadores da empresa nos últimos meses, e elaboramos a missão, a visão e os valores do Alibaba. Estou aqui hoje para apresentá-los a vocês.
>
> Primeiro, a missão do Alibaba: facilitar a tarefa de fazer negócios.
>
> Depois, a visão do Alibaba: ser um parceiro para todos os negociantes.
>
> E, por fim, os nove valores do Alibaba: paixão, inovação, ensinar e aprender, franqueza, simplicidade, trabalho em equipe, foco, qualidade, o cliente em primeiro lugar.

Savio ficou ao lado da tela de projeção e fez uma pausa dramática para nos dar a chance de digerir a mensagem. Quieto no meu canto, não pude deixar de me sentir decepcionado.

É isso?, pensei. *Passamos três meses trabalhando para isso? Uns slides piegas de PowerPoint sobre missão, visão e valores?*

Savio então prosseguiu:

> Esses são os valores fundamentais, e todos serão avaliados com base neles. A partir de agora, todos passarão por uma avaliação trimestral e terão um perfil de pontuação [*scorecard*]. Cinquenta por cento dos pontos

> serão baseados no desempenho de vocês em relação às metas. Os outros 50% se basearão na sua capacidade de colocar em prática os valores essenciais do Alibaba.

Eu estava começando a entender. Na verdade, isso tudo faria parte de um processo. Savio continuou:

> E, com esses valores, teremos um novo sistema de contratação, avaliação, promoção e demissão de pessoal. A partir de agora, todas as decisões de pessoal serão tomadas de acordo com as avaliações "do chefe, do chefe do chefe e do RH". Portanto, quatro pessoas estarão envolvidas na avaliação de cada funcionário. O funcionário. O chefe do funcionário. O chefe do chefe do funcionário. E um representante do RH. Isso vai garantir que nossas decisões sobre pessoal sejam claras e coerentes para toda a empresa.

Esse tipo de sistema de avaliação era novo para mim, mas parecia fazer sentido. Quando Savio apresentou os sistemas que trouxera da GE, pude perceber que a organização e os procedimentos do Alibaba estavam começando a tomar forma.

> Também vamos iniciar algo novo. Teremos dois planos de carreira para as pessoas avançarem na empresa. Teremos um plano de carreira em gestão, para as pessoas que gostariam de avançar na organização como gestores, e uma "trajetória de especialização", para os especialistas também poderem avançar na empresa.

Essa era uma ideia que nunca tinha me ocorrido, mas quando Savio a explicou ela fez muito sentido. A tendência natural de uma empresa é promover a gerente um especialista de alto desempenho, como um engenheiro ou um designer gráfico. A maioria dos funcionários aceita a promoção por querer o aumento salarial e o reconhecimento que a acompanham. Mas nem todo especialista qualificado dá um bom gerente. O Alibaba tinha cometido esse erro várias vezes no passado, e nisso acabava perdendo um excelente especialista e ganhando um péssimo gerente. Normalmente não demorava muito para o descompasso entre o talento e a função ficar tão incômodo que o gerente acabava saindo da empresa ou sendo forçado a sair.

O passo seguinte de Savio foi anunciar programas de treinamento para a equipe. Funcionários que ocupavam cargos de início de carreira, como o pessoal de vendas, passariam por um programa de treinamento customizado para desenvolver habilidades funcionais específicas para o Alibaba. Já os gestores passariam por programas de treinamento distintos, focados no desenvolvimento de suas habilidades de gestão. Além disso, todos os novos funcionários receberiam pelo menos uma semana de orientação para ajudá-los a se integrar à empresa. Fundamentando esses programas de treinamento estavam a missão, a visão e os valores do Alibaba.

Quando Savio concluiu a apresentação, eu ainda estava um pouco cético, mas decidi manter a mente aberta e dar uma chance a ele e a seu plano. Afinal, era um sujeito com 25 anos de experiência. Quem sabe eu ainda não me surpreenderia com a abordagem de Savio? Além disso, ele parecia bem ciente da necessidade de resgatar o balanço patrimonial em depreciação do Alibaba e estava começando a focar a atenção da administração em traçar uma estratégia para efetivamente ganhar dinheiro.

Passamos os meses seguintes discutindo ideias de como a empresa poderia gerar receita. Diante da incapacidade de ganhar dinheiro com nosso site, falamos sobre a ideia de vender soluções de e-commerce a governos locais da China, com a criação de "Alibabies", que as empresas locais poderiam usar como plataforma para lançar seus produtos na internet. Depois de bater em algumas portas de governos locais para apresentar a ideia e perceber rapidamente que os funcionários públicos exigiriam subornos e propinas em troca da compra de um

Alibaby, abandonamos a ideia. Levar a cabo a execução da estratégia do Alibaby até poderia evitar a falência da empresa, mas também poderia nos colocar na cadeia.

Enquanto tentávamos encontrar um jeito de ganhar dinheiro, notamos uma tendência interessante. Mais ou menos na mesma hora em que os vendedores no site do Alibaba começavam a fechar negócios com compradores estrangeiros que haviam encontrado pelo site, os anúncios dos produtos deles no Alibaba.com perdiam a visibilidade, devido ao número crescente de concorrentes que se cadastravam no Alibaba. Então, por exemplo, o primeiro fabricante de motonetas elétricas que se cadastrava no Alibaba recebia todas as consultas de compradores interessados ao redor do mundo e, por falta de concorrência, tinha pouco incentivo para pagar à Alibaba pelo serviço gratuito que recebia. Mas, com o tempo, esse vendedor ia perdendo a visibilidade devido ao número crescente de vendedores de motonetas que entravam no site e anunciavam seus produtos. Os vendedores, então, começaram a nos pedir para pagar pela chance de postar um anúncio patrocinado de seus produtos e, com isso, esperavam garantir visibilidade nos resultados orgânicos de busca no site do Alibaba. Parecia que, depois de dois anos dando de graça os serviços do Alibaba, finalmente atingíramos aquele ponto crítico no qual os clientes estavam dispostos a pagar.

Na primavera de 2001, nossa promissora equipe de vendas decidiu se concentrar em um produto que lançamos, como piloto, com o nome de China Supplier [Fornecedor da China]. Por cerca de 2 mil dólares, um exportador na China recebia um perfil institucional mais bonito no site, podia postar mais produtos do que um membro não pagante e era exibido com prioridade nos resultados de buscas no site. Para um fabricante normal, 2 mil dólares era uma pechincha em comparação com os custos de publicidade em uma dispendiosa publicação especializada ou com viagens aos Estados Unidos e à Europa a fim de participar de uma feira comercial para expor seus produtos. Enquanto um anúncio de revista poderia ficar obsoleto em apenas um mês e uma feira comercial durava apenas uma semana, a internet oferecia a esses vendedores a oportunidade de ter um quiosque virtual no site do Alibaba, 24 horas por dia, sete dias por semana.

Era uma boa perspectiva, mas a falta de confiança na terra de ninguém que era a internet naquela época ainda dificultava a vida de compradores e vendedores on-line, especialmente em comparação com as feiras comerciais, que ofereciam a chance de conversar cara a cara com os parceiros de negócio. O fato de os clientes estarem dispostos a pagar por uma maior visibilidade no site do Alibaba reforçava a confiança na solidez do negócio deles aos olhos de potenciais compradores no exterior. Mas isso ainda não resolvia duas questões fundamentais: o vendedor com quem estou negociando é uma empresa idônea? E a pessoa com quem estou negociando de fato trabalha na empresa?

Logo percebemos que não bastava aos vendedores ter um anúncio pago no Alibaba. Os compradores precisavam de alguma garantia de que a pessoa com quem estavam negociando era confiável. Em vista disso, lançamos um serviço chamado TrustPass [Passaporte da Confiança]. A única maneira de uma empresa conseguir uma certificação TrustPass era passar por um processo de autenticação e verificação, conduzido por terceiros, demonstrando que a companhia era legítima e que a pessoa estava autorizada a representá-la em negociações e transações comerciais.

O lançamento do TrustPass marcou um avanço revolucionário para o Alibaba. Com o novo produto, finalmente reconhecíamos que o principal inibidor das transações na internet era o problema da confiança. Com uma massa crítica de compradores e vendedores ao redor do mundo, tínhamos um bom número de membros. Se conseguíssemos resolver o problema da confiança, poderíamos descobrir o segredo do e-commerce em geral. Assim, exigimos que todos os membros do China Supplier também se submetessem à verificação do TrustPass. Essa combinação nos deu uma justificativa perfeita para começar a cobrar de nossos clientes. Os clientes do China Supplier, que pagavam por esse status, pareciam mais confiáveis. E os membros que ainda se atinham às suas contas gratuitas pareciam *menos* confiáveis. Afinal, se tinham mesmo um negócio tão sólido, por que não estavam dispostos a pagar um pouco para provar isso?

O China Supplier finalmente nos deu um produto que parecia viável. No entanto, logo percebemos que não seria possível vender esse produto em grande escala aos nossos membros apenas por telefone ou pela internet. Precisávamos que nossos clientes deixassem de apenas sondar o terreno do e-commerce e mergulhassem nele de cabeça. Para tanto, teríamos de falar pessoalmente com eles.

Como uma equipe de flautistas mágicos tocando a inebriante melodia do e-commerce, passamos o segundo semestre de 2001 em uma turnê pela China, convidando nossos clientes a participar de encontros por toda a costa leste do país, onde se localizava a maioria dos fabricantes, exportadores e comerciantes chineses. Cidade após cidade, abríamos novos escritórios e organizávamos eventos de lançamento para nossos membros com o tema "Devolvendo o e-commerce aos negociantes". A mensagem era que estávamos dando uma força aos pequenos empresários, que a magia da internet permitiria às pequenas empresas competir com as grandes multinacionais. Era uma mensagem de forte apelo em um país onde os empresários valorizavam sua independência e acreditavam que "é melhor ser a cabeça de uma galinha do que a cauda de uma fênix".

A fórmula para todos os nossos eventos voltados aos membros do site era simples. O crescente status de celebridade de Jack nos ajudava a atrair participantes. Jack iniciava o evento com uma palestra sobre o futuro do e-commerce, explicando de que maneira as pequenas empresas poderiam se beneficiar disso. Em seguida, eu entrava para falar das atividades do Alibaba no exterior e me sentia um pouco como um macaco de circo diante de empresários curiosos em ver um estrangeiro falando chinês. O espetáculo circense até chamava a atenção dos participantes, mas ter um estrangeiro, e não um chinês, apresentando a crescente reputação do Alibaba no exterior tinha maior peso para o público, que, se não fosse assim, poderia receber com ceticismo a alegação de o Alibaba ter uma sólida reputação perante os compradores internacionais. Depois de Jack e eu falarmos, os integrantes da recém-contratada equipe de vendas local subiam ao palco para apresentar os produtos e os serviços específicos oferecidos pelo China Supplier.

O número de clientes pagantes foi aumentando à medida que levávamos a turnê de uma cidade a outra. A cada parada, eu aprendia mais sobre as características únicas de cada local. Yongkang era famosa por seus muitos fabricantes de motonetas elétricas. Ningbo, por seus isqueiros descartáveis. Jinhua, por seu presunto parecido com *prosciutto*. Cada cidade tinha sua concentração de fabricantes com especialidades distintas.

Nenhuma viagem estava completa sem um jantar com a equipe local em algum pequeno restaurante de beira de estrada para celebrar a abertura do novo escritório. Com a turnê, tive a chance de provar diversas iguarias locais. Sopa de casca de tartaruga, caranguejo cru embebido em álcool, brotos de bambu, frutas das quais nunca tinha ouvido falar.

O que mais me impressionou foram a energia e o entusiasmo dos jovens recrutas das equipes de vendas, mesmo depois de terem recebido a missão de vender serviços na internet em uma época na qual a maioria dos chineses tinha desistido do e-commerce. Estávamos nas profundezas do inverno da internet, de modo que nossa equipe não era composta de recém-formados das melhores universidades chinesas, como a Universidade de Pequim ou a Fudan, que tinham opções de emprego muito melhores nas multinacionais. Pelo contrário, o Alibaba atraía um contingente de vendas que tinha crescido em pequenas cidades e áreas rurais, filhos e filhas de lavradores e trabalhadores braçais. O salário era baixo, e as condições, difíceis, mas o Alibaba representava um pequeno avanço para eles e suas famílias – uma fonte de esperança.

Costumávamos visitar os novos escritórios depois de nossos eventos com os clientes. O orçamento para cada escritório era tão baixo que eles muitas vezes eram instalados em apartamentos mais do que simples em prédios decrépitos. A equipe não raro dormia e trabalhava nos minúsculos locais, mobiliados com pouco mais do que camas metálicas armadas sobre pisos de concreto, com lâmpadas fluorescentes emitindo um brilho lúgubre que ricocheteava nas paredes brancas e nuas. Mas ninguém reclamava das condições, porque todos nós compartilhávamos o senso de sermos donos da empresa e de que nosso empenho poderia nos trazer recompensas mais para a frente. Quase todos os funcionários do Alibaba tinham opções de ações, e havia o espírito de sacrifício pelo bem da sociedade como um todo. Cada centavo poupado ajudaria o Alibaba a sobreviver e a crescer para beneficiar todos os seus funcionários.

À medida que a turnê ganhava ímpeto, nossas apresentações iam ficando cada vez mais sofisticadas. Em poucos meses, nossos eventos passaram de poucas dezenas de clientes em salas de reunião de hotéis duas estrelas para centenas de clientes em hotéis cinco estrelas. A cada evento, a imprensa local noticiava o crescente movimento que o Alibaba estava criando. Um a um, estávamos convencendo os negociantes da China a passar para a internet.

No entanto, apesar das vendas progressivas, ainda estávamos gastando mais do que ganhávamos, sem gerar receitas suficientes para cobrir nossos custos. No início de 2001, poucos meses depois de Todd Daum ter saído voluntariamente do Alibaba, fui chamado para assumir seu posto: vice-presidente de marketing internacional. A primeira coisa que fiz ao assumir o cargo foi reduzir a zero nossa verba de publicidade. Bastou dar uma olhada no tráfego do site do Alibaba para constatar que, mesmo sem apoio de propaganda, nosso site tinha um crescimento viral natural. Assim, para o desalento da equipe de marketing, eu disse que tinha mudado nossa estratégia para "marketing de orçamento zero" e que contaria apenas com o boca a boca e com relações públicas para nos beneficiar da cobertura gratuita da mídia. Qualquer plano de marketing teria de incluir orçamento zero.

A boa notícia foi que cortar o orçamento de marketing a zero pareceu afetar pouco o crescimento de nosso site, e continuamos crescendo organicamente com o boca a boca. A má notícia foi que isso tornou a equipe de marketing um tanto obsoleta. Com a eliminação do orçamento para publicidade, começamos a focar em relações públicas para ganhar publicidade grátis. No entanto, com o congelamento do setor da internet, a mídia perdera o interesse pelas empresas pontocom. Por volta do final de 2001, Jack me puxou de lado para uma conversa.

– Porter, quero que você saiba de uma decisão que todos os gestores seniores da empresa tomaram juntos. Eu, Joe, John, Savio... todos nós decidimos cortar nosso salário pela metade.

Apesar do sorriso no rosto, Jack tinha uma expressão séria.

– Quero que saiba que agora você é o funcionário mais bem pago da empresa. Ninguém está se queixando. Só queria que você soubesse.

Engoli em seco enquanto Jack se afastava. Agora eu estava ganhando até mais do que o próprio CEO da empresa. Muitos fundadores do Alibaba levavam uma vida que, para a maioria dos americanos, seria considerada pobre. Além disso, eu tinha acabado de visitar escritórios de vendas onde meus colegas trabalhavam amontoados em instalações espartanas, comendo macarrão instantâneo para economizar e ganhando apenas algumas centenas de dólares por mês. Simplesmente não parecia certo ganhar tão mais do que meus colegas quando a empresa ainda nem conseguia ser rentável.

E, naturalmente, percebi que Jack me dera uma indireta cordial, sugerindo que meu salário era insustentável. Logo depois daquela conversa com ele, na minha avaliação trimestral seguinte com Savio, começamos falando sobre meu futuro no Alibaba.

– Jack me disse que eu recebo o maior salário da empresa, mas me parece que a empresa não precisa tanto de um alto cargo de marketing e relações públicas no momento – eu disse.

– Bom, não temos mais tanto trabalho em marketing e relações públicas quanto antes – Savio confirmou. – Uma ideia seria transferi-lo para a sede em Hangzhou, onde você poderia comandar as operações do site internacional. Mas é difícil pensar no que poderia fazer ficando em Xangai.

Refleti a respeito. Hangzhou era uma bela cidade que eu adorava visitar. Mas, no ano anterior, eu já tinha me mudado de Pequim para Hong Kong e, depois, de Hong Kong para Xangai. Eu não estava exatamente pronto para outra mudança, muito menos para uma cidade afastada e com uma minúscula comunidade de expatriados. Além disso, eu tinha um sonho pessoal que ainda não havia realizado: passar um ano viajando pelo mundo.

– Sempre tive o sonho de viajar pelo mundo – eu disse. – É um sonho que tenho desde criança. O que você acha de eu tirar um tempo para fazer isso? Aí, quando eu voltar, vejo com vocês se a empresa tem uma função maior para mim.

Savio pareceu satisfeito com a solução. Essa ideia pouparia um bom dinheiro à empresa e, ao mesmo tempo, nos daria a opção de um possível retorno. Generosamente, ele me ofereceu as mesmas opções de indenização por afastamento que havia oferecido aos funcionários demitidos. Quando eu lhe disse que ficaria com os três meses de salário e abriria mão das opções de ações, ele se levantou e, antes de sair da sala, falou:

– Espere aqui um pouquinho... Quero ver uma coisa com Jack.

Quando voltou, tinha um sorriso no rosto, e me surpreendeu dizendo:

– Confirmei com Jack, e queremos que você fique com todas as suas opções de ações, na esperança de que um dia você volte para a empresa.

Foi um belo gesto, mas não dei muita bola para aquilo na época. Presumi que o Alibaba seria, no máximo, uma empresa de 10 milhões de dólares, o que inutilizaria minhas opções de ações, que estariam bem abaixo do preço de exercício. Tentando ser educado, sorri e agradeci, mas não tinha mais esperanças de me tornar milionário com o Alibaba.

– Obrigado, mas não se preocupem com isso – eu disse, meio desdenhoso. – Nem havia pensado nessas ações.

– Sério, a gente quer que você fique com elas. E esperamos que você volte.

No trem de regresso a Xangai, através da janela, vi arrozais, riachos e pequenas fábricas cinzentas que pontilhavam a zona rural. Estava empolgado por finalmente ter a chance de realizar meu sonho de viajar pelo mundo. Mas um sentimento melancólico tomou conta de mim quando me dei conta de que estava deixando o sonho do Alibaba para trás. E em parte eu me sentia abandonando os colegas num momento em que precisavam de meu apoio. Não pude deixar de me perguntar: será que, depois de minha viagem, o Alibaba ainda existiria?

10

A quarentena

Entramos em 2003, e o Ano do Carneiro não começou de maneira tranquila. Fogos de artifício coloridos iluminaram o céu de Hangzhou, enquanto o constante crepitar de bombinhas ecoava pelo meu prédio. Depois de finalmente concretizar meu sonho de viajar pelo mundo, eu estava focado e decidido a voltar ao Alibaba com um comprometimento renovado. Adorei a viagem e pude conhecer o mundo, mas estava ansioso para voltar a usufruir da camaradagem de uma *startup*. Ao contrário de quando tinha começado no Alibaba, o dinheiro não era mais um grande motivador para mim, e concordei em voltar pela metade do salário anterior. Pensei que trabalhar como um dos dois únicos ocidentais em um ambiente chinês seria uma excelente maneira de melhorar minha fluência no idioma.

Quando as celebrações nas ruas se aquietaram, o Alibaba organizou um encontro para a empresa toda em um hotel, a fim de dar início ao novo ano. Eu estava curioso para ver que mudanças haviam ocorrido no Alibaba desde a minha saída. Quando cheguei ao hotel, fiquei agradavelmente surpreso ao ouvir aplausos e o ritmo de uma música dançante vindo da sala de conferências e ao ver tantos rostos novos. O clima era o oposto do que existia um ano atrás. Apenas alguns meses antes, a empresa finalmente se tornara lucrativa, e eles estavam ali naquela noite para comemorar.

Participando do frenesi estava Savio Kwan, celebrando o momento e entoando os gritos de guerra com a equipe, composta, na maioria, de pessoas uns 20 anos mais jovens do que ele. Ao testemunhar a virada no moral e no desempenho da empresa, percebi claramente quanto eu me enganara na minha primeira impressão sobre o estilo de gestão de Savio. Agora eu via que ele era exatamente o diretor de operações de que o Alibaba precisava. Savio não tinha apenas construído uma firme espinha dorsal para a empresa; tinha desenvolvido um exoesqueleto, ou seja, limites externos que impediam a empresa de crescer de modo descontrolado. Sua ênfase na codificação dos valores do Alibaba se mostrou a medida crucial que permitiu à empresa crescer ao mesmo tempo que mantinha o espírito de uma *startup* e a forte cultura do trabalho em equipe. Era exatamente disso que nossa jovem empresa precisava para que os novos líderes pudessem se destacar na multidão.

Um desses líderes era Liqi, meu novo chefe e o diretor de operações internacionais. Com a sala cheia e a música bombando, Liqi subiu rapidamente ao palco, pegou um microfone e convidou todos a dançar. Invadimos o palco, pulando para cima e para baixo, chutando bexigas e empunhando bandeiras, aplaudindo e entoando gritos de guerra inflamados pela euforia de saber que o Alibaba estava finalmente em ascensão. Depois do longo e gelado inverno da internet, a primavera chegara.

No meu primeiro dia de volta ao trabalho, conversei com Liqi sobre a estratégia anual. Ele era baixo, atarracado e usava enormes óculos de aro preto que lhe davam a aparência de um integrante chinês do Run-DMC*. Tinha a voz rouca e grave e um senso de humor afiado, um tanto quanto sujo, que levava a equipe às gargalhadas nas reuniões. Mas, por trás daquilo tudo, Liqi era incrivelmente rigoroso.

* Famoso grupo de hip hop dos anos 1980. [N. T.]

Diferentemente do estilo de Jack, aberto e voltado a buscar o consenso, Liqi focava sua atenção em ações e resultados, as únicas coisas que importavam para ele. Não dava a mínima para ostentação ou estilo.

Enquanto as experiências de Jack lhe haviam possibilitado se sentir à vontade tanto entre chineses quanto entre estrangeiros, o relacionamento de Liqi com os estrangeiros era complicado. Como muitos chineses, ele parecia ao mesmo tempo admirar os americanos e se ressentir deles. É claro que parte do ressentimento se justificava. Um dia ele me contou que, nos anos 1980, fora aceito em uma das melhores universidades de Guangzhou, mas fora proibido de entrar no Garden Hotel, um hotel cinco estrelas da cidade, por ser chinês. Os estrangeiros, por outro lado, podiam entrar livremente. Era essa a política na época em que a China estava começando a se abrir, e presumia-se que os chineses não tinham condições de pagar a estadia no hotel. Liqi entendia bem o inglês escrito e falado, mas não se sentia confortável para falar o idioma, de modo que todas as nossas reuniões eram em chinês. Isso me ajudava a melhorar meu chinês, mas dificultava apresentar meus argumentos quando falávamos sobre estratégia.

De todo modo, eu admirava Liqi. Ele tinha entrado no Alibaba na época da China Pages e era dono de um verdadeiro espírito empreendedor. Com firmeza e determinação, ele montara a equipe chinesa de vendas do Alibaba, um fator-chave para a empresa ter se tornado lucrativa. Era um gestor experiente e prático, um contrapeso perfeito para Jack. Se Jack era um Bill Gates em formação, Liqi era seu Steve Ballmer. Dada a minha própria tendência de ser um pouco descontraído demais, percebi que trabalhar para alguém como Liqi me faria bem.

– Porter, nós dois nunca trabalhamos juntos, então precisamos dar um tempo para nos acostumar com o estilo um do outro – Liqi me disse sem rodeios naquele primeiro dia. – Uma coisa que posso dizer é que me interesso por resultados. Você será avaliado com base nos números que entregar. E seu foco principal será atrair compradores para o Alibaba. Fizemos um excelente trabalho cadastrando usuários no China Suppliers no ano passado, mas agora precisamos dar compradores para esses vendedores. Finalmente temos dinheiro suficiente para acabar com nossa estratégia de marketing de orçamento zero. Mas precisamos de um modo barato de atrair compradores do mundo todo para sustentar nossas vendas. Até agora, não conseguimos avançar muito nisso. E você precisa providenciar esse avanço.

– Certo, entendi. Compradores, compradores, compradores – eu disse, tentando parecer o mais confiante possível. Mas, por trás da minha fachada de confiança, eu estava nervoso. Como é que encontraria esse grande avanço?

Enquanto conversávamos sobre a estratégia anual, consultamos o calendário.

– Em abril, teremos a Feira de Cantão em Guangzhou – Liqi acrescentou. – Compradores do mundo todo estarão lá. Nossa equipe de vendas vai ter um enorme estande na feira para receber fornecedores chineses e vender para eles. Lembre-se de reservar um espaço na sua agenda para isso.

Fiquei animado com a perspectiva de participar da Feira de Importação e Exportação da China, também conhecida como Feira de Cantão, dali a dois meses. O evento em si poderia ser exaustivo, envolvendo ficar longas horas em pé em estandes e me acotovelar por enormes multidões para abrir caminho. Mas pelo menos eu teria a chance de sair do escritório, conhecer compradores internacionais do Alibaba, falar inglês e ter algum contato com o mundo exterior. Por mais que gostasse de Hangzhou, eu precisava sair para tomar um ar de vez em quando.

Foi mais ou menos nessa época que comecei a ler alguns relatos inquietantes na imprensa ocidental sobre uma nova doença misteriosa que estava mandando muita gente para o hospital em Guangzhou. No início, parecia ser apenas uma gripe estranha afetando um punhado de pessoas. Mas em pouco tempo a doença tinha adquirido um nome – SARS – e já fazia vítimas fatais.

A doença se espalhou de Guangzhou para Hong Kong, densamente povoada, e as pessoas entraram em pânico. Os noticiários ocidentais exibiam cenas de hospitais, ambulâncias e pessoas usando máscaras na esperança de se proteger. Mas a imprensa chinesa encobriu a história, temendo que a divulgação dos fatos criasse pânico na China e prejudicasse a economia. "Não há nada com que se preocupar" era a mensagem do governo chinês.

Lendo sobre a epidemia que se alastrava, comecei a me preocupar com minha própria segurança e a da nossa equipe, caso fôssemos adiante com o plano de participar da Feira de Cantão. Ir ao epicentro do surto de SARS com o objetivo de apertar as mãos de milhares de estrangeiros do mundo todo me parecia ser a pior decisão possível naquele momento. Escrevi um e-mail incisivo para Liqi e Savio, salientando que deveríamos reconsiderar nossa participação na feira, em vista dos riscos à saúde da nossa equipe. A resposta de Liqi não me encorajou:

– O governo está dizendo que está tudo bem, então está tudo bem. Se houvesse esse risco, tenho certeza de que eles cancelariam a feira e informariam as pessoas de que não é seguro ir a Guangzhou. Veja bem, Porter, eu vou, e os outros gestores seniores, também. Se não formos, vai ser como enviar soldados sem enviar os generais. Todos nós precisamos ir para mostrar nosso apoio à equipe.

Fazia sentido. Se decidíssemos participar, não seria certo ficar para trás em Hangzhou e enviar a equipe para o evento. Mas fiquei decepcionado com a decisão. Sem dúvida, a Feira de Cantão era nosso evento de vendas mais importante, e sairia caro cancelar o estande. Mas, no caso, me pareceu uma decisão perigosa. Mesmo assim, eu não tinha como culpar Liqi. A imprensa nacional de fato estava dizendo ao público chinês que não havia necessidade de se preocupar.

Algumas semanas depois, lá estava eu em Guangzhou, ajudando no estande do Alibaba na Feira de Cantão e apertando as mãos de compradores da Nigéria, do Irã, do Uzbequistão, dos Estados Unidos e da América Latina. Se o comércio global é o motor da economia global, aqueles sujeitos eram as engrenagens em ação sob o capô. Com as mangas arregaçadas e as mãos na massa, eles viviam em um mundo onde cada centavo gasto reduzia sua margem de lucro, por isso eram forçados a pressionar constantemente os fornecedores para obter a melhor qualidade, com o melhor custo-benefício e no menor tempo possível. Fatigados com a batalha, tendo passado anos em viagens e árduas negociações, eles não tinham nada a ver com os mimados banqueiros de investimento e os consultores de gestão que haviam sido meus colegas na Faculdade de Administração.

A Feira de Cantão daquele ano diferiu visivelmente das edições anteriores. Normalmente, o evento é uma verdadeira colmeia fervilhando de atividades, com milhares de compradores e vendedores trocando apertos de mão e fechando negócios. Mas naquele ano só um lado da equação tinha comparecido: os vendedores chineses. Os compradores internacionais, em sua maior parte, tinham evitado ir à cidade. O abismo entre a imprensa chinesa censurada pelo Estado e a imprensa livre do Ocidente não podia ter ficado mais claro.

Enquanto eu conversava descontraidamente com os poucos compradores que passavam pelo estande, Kitty Song, da equipe de vendas do China Supplier, trabalhava a meu lado, conversando com os clientes chineses. Alegre e cheia de energia, ela conseguia cumprimentar todos os fornecedores enquanto tentava abafar a tosse. Com tão poucos compradores para atender, os exportadores locais passavam mais tempo no estande do Alibaba explorando a internet como canal potencial para fazer negócios com compradores do exterior, que pelo jeito não queriam viajar à China.

Apesar de nossa equipe ter fechado um número recorde de vendas após a Feira de Cantão, fiquei aliviado ao voltar à segurança de Hangzhou na semana seguinte. Tínhamos nos arriscado e sobrevivido. A flor *gui hua* (cássia) estava em plena floração no meu bairro, emanando uma fragrância doce que enchia o ar. Eu estava com uma cerveja em uma mão e um taco de críquete na outra, me divertindo com alguns ocidentais que tinha conhecido no prédio. Um jornalista chinês topou conosco por acaso e me entrevistou, perguntando se eu estava preocupado com a SARS. (Com o fim da censura da imprensa sobre a epidemia, os jornalistas locais finalmente podiam falar sobre a doença.)

– Não, não estou preocupado – respondi. – Acho que tem um pouco de exagero nessa história toda. Na verdade, acabei de voltar de Guangzhou e não tive nenhum problema.

Já no escritório, Jack parou na minha mesa. Tinha uma expressão marota, como sempre acontecia quando estava matutando alguma nova e grande ideia.

– Como vão as coisas, agora que você voltou para a empresa, Porter?

– Tudo bem – respondi. – Liqi e eu trabalhamos bem juntos.

– Que bom – ele disse. – Porque as vendas estão fortes, e a empresa vai muito bem. E tomei uma decisão que, daqui a três anos, todo mundo vai dizer que foi a melhor decisão que já tomamos.

Fiquei curiosíssimo para saber do que se tratava.

– É mesmo? Que decisão foi essa?

– Você vai ter de esperar para ver. É uma grande decisão – ele disse, sorrindo, e se afastou.

Na semana seguinte foi o feriado do Dia do Trabalho, também conhecido como Semana Dourada, quando todos os chineses têm uma semana de folga. Aproveitei o feriado para conhecer Hangzhou um pouco melhor. A principal atração dessa antiga capital da China é o Lago do Oeste, retratado em incontáveis pinturas e poemas. De dia, famílias e amigos se reúnem às margens do lago para jogar baralho e beber chá-verde, feito de ervas recém-colhidas das plantações nas aldeias vizinhas. À noite, estudantes e jovens recém-formados escapam de seus dormitórios e apartamentos apertados para se sentar nos bancos que rodeiam o lago, beijando-se na escuridão sob os salgueiros.

Depois de sete dias de férias em Hangzhou, em parte eu ainda não estava pronto para voltar ao trabalho. Mas, quando subitamente me concederam uma extensão das minhas férias, foi pelas razões erradas.

– Porter, não precisa voltar ao trabalho amanhã – anunciou a voz ao telefone. Era Monson, o diretor de RH do Alibaba.

– O quê? Por quê?

– Descobrimos que um de nossos funcionários pode ter sido infectado com SARS. Você e outras seis pessoas podem tirar o dia de folga amanhã. Nós avisaremos quando puderem voltar. Ah, e vocês todos serão *bei geli*.

– *Bei geli?* O que é isso?

– Alguém do governo vai passar por aí para trancar a porta pelo lado de fora. É só uma precaução, por via das dúvidas.

Percebi que estava prestes a ser colocado em quarentena.

– A propósito, Monson, qual colega nosso foi diagnosticado com SARS?

– Hummm... – ele fez uma pausa, sem saber ao certo o que me dizer. – Foi a Kitty. Kitty Song.

Engoli em seco. Kitty Song? Eu tinha passado vários dias conversando com ela, encontrando as mesmas pessoas que ela, trabalhando ao lado dela no estande da feira comercial. Fiquei preocupado com ela, mas também comigo. Se Kitty estivesse com SARS, eu também podia estar.

No dia seguinte de manhã, ouvi o som de uma furadeira na porta do meu apartamento. Em seguida, sons de correntes tilintando. Eu estava trancado ali dentro. Nervoso, entrei em contato com meus pais para informá-los de que eu estava em quarentena.

– Assim que eles deixarem você sair, volte para casa, Porter – minha mãe implorou. – Não suporto a ideia de ver meu único filho na China no meio de uma epidemia de SARS.

Tentei tranquilizá-la, dizendo que eu não estava em perigo. Afinal, eu me sentia bem. Mas, no fundo, estava aflito. Eu só poderia ser declarado livre de sintomas em dez dias, de modo que apenas me restava esperar.

Recebi um telefonema de um funcionário do governo que me explicou como a quarentena funcionaria. Todos os dias, um enfermeiro usando equipamentos de proteção viria desinfetar meu apartamento. E eu também receberia duas visitas para verificar minha temperatura. Não teria permissão para sair do apartamento, mas poderia pedir qualquer comida que quisesse, e o governo providenciaria a entrega do lado de fora da minha porta. *Essa coisa da quarentena pode não ser tão ruim assim*, pensei, e fiz meu primeiro pedido: camarão, brócolis, arroz e ingredientes para uma salada.

Alguns dias depois, a situação ficou mais séria quando o status de Kitty foi alterado de "suspeita de SARS" para "SARS confirmada". Em consequência, o número de funcionários do Alibaba em quarentena aumentou de sete para 500: todos os funcionários da sede de Hangzhou foram trancados em casa, incapazes de ir trabalhar. Para manter o site em funcionamento, 500 funcionários levaram o computador para casa e montaram uma operação virtual. As ligações telefônicas foram encaminhadas à casa dos funcionários, e pais e irmãos ajudavam, atendendo o telefone.

Foi um momento difícil para a empresa, mas pior ainda para Kitty. Enquanto eu estava trancado em um agradável prédio de apartamentos, recebendo atenção e cuidados especiais por ser estrangeiro, Kitty fora jogada em um austero quarto de hospital com duas outras vítimas de SARS, sendo que a saúde de uma delas deteriorava rapidamente.

Essa situação, porém, se mostrou um importante desafio para a empresa, unindo a equipe na tarefa de manter o site funcionando e dar apoio a Kitty. Durante o dia, a equipe continuava a trabalhar, conversando pela internet. À noite e nos fins de semana, os funcionários organizavam concursos virtuais de karaokê na intranet da empresa.

Trancado no meu apartamento, eu tinha pouco com que me ocupar durante o dia, além de me distrair das preocupações com a saúde executando pequenos ajustes na campanha publicitária que estávamos testando na plataforma de buscas de publicidade do Google. Eu havia convencido Liqi a me alocar uma verba de 600 dólares para testar o AdWords do Google, e os resultados iniciais tinham se revelado surpreendentes. Nossa maior dor de cabeça sempre fora o fato de não contarmos com uma maneira econômica de nos comunicar com nossos clientes especializados em 180 países. Mas nossos anúncios no Google nos possibilitaram gerar um tráfego direcionado, proveniente de termos de busca incomuns como "fornecedor chinês de rolamentos de esfera". De repente, os anúncios no Google passaram a gerar um tráfego direcionado oriundo de todos os cantos do planeta, a cinco centavos por clique. Minha lista de palavras-chave de anúncios rapidamente cresceu de seis para 500. Seria esse o grande avanço que estávamos esperando?

Enquanto Kitty se recuperava lentamente, o moral da equipe também começava a evoluir. Finalmente, ouvi as correntes sendo removidas e alguém batendo à porta. Quando a abri, fui recebido por flashes de câmeras, policiais e o secretário do Partido Comunista local.

– Você está livre para sair! – eles anunciaram. Depois de sete dias de confinamento, saí correndo do prédio para respirar ar fresco e ver o céu azul. Depois de ligar para minha mãe e avisar que eu estava bem, liguei para Jack.

– Eu também acabei de sair – ele disse. – E me informaram que a Kitty está bem e deve ter alta amanhã.

Só boas notícias. Não só tínhamos saído ilesos como o Alibaba havia enfrentado o desafio com valentia. Conseguíramos manter o site em perfeito funcionamento diante do desastre. Na verdade, o tráfego havia mais do que decolado, com a epidemia acelerando a adoção do e-commerce na China ao proporcionar um canal para compradores e vendedores se conectarem sem a necessidade de se encontrar cara a cara. Se a verdadeira medida de uma empresa é o modo como ela atravessa uma crise, tínhamos passado pela prova de fogo com distinção. O que foi ótimo, considerando que estávamos prestes a enfrentar o maior desafio da nossa história até então.

11

A guerra com o eBay

No escritório, a vida voltou ao normal, pelo menos ao que é considerado normal na China. Depois de a SARS perder força, uma enorme onda de calor forçou a rede elétrica de Hangzhou até o limite no verão de 2003. Hangzhou não tinha conseguido desenvolver seu fornecimento de eletricidade com a rapidez necessária para dar conta do crescimento do número de fábricas e aparelhos de ar condicionado funcionando ao longo dos anos, e nós, junto com outras empresas da região, fomos forçados a racionar energia elétrica. Em dias quentes, não era permitido ligar o ar-condicionado, de modo que a empresa mandou espalhar grandes blocos de gelo dentro de banheiras de plástico pelo escritório, uma medida, que, infelizmente, teve pouco efeito. E, nos dias mais quentes, apagões programados se espalhavam por Hangzhou, o que nos obrigava a fechar o escritório e mandar os funcionários para casa.

Em meio a tudo isso, Jack entrou alegremente na minha sala, mais uma vez exibindo seu sorriso travesso. Fechando a porta atrás de si, ele disse:

– Porter, lembra que comentei que tomamos uma grande decisão, mais ou menos um mês atrás? Bom, agora posso dizer do que se trata. E vou precisar da sua ajuda.

Ele olhou ao redor para se certificar de que ninguém estava ouvindo e, depois de fazer uma pausa para dar um efeito dramático, revelou seu segredo:

– Vamos entrar em guerra com o eBay.

Uau. O eBay. Nós já tínhamos enfrentado grandes pontocom antes, mas o eBay era a maior empresa de e-commerce do mundo. E não só isso; o eBay investira em uma empresa chinesa, a EachNet, que já tinha uma participação dominante no mercado chinês de leilões on-line.

– Certo – eu disse. – E como é que planejamos fazer isso?

Jack explicou:

– Observei o mercado e percebi que, em pouco tempo, o eBay iria tentar uma entrada agressiva na China. Eles começariam com os consumidores, mas, com o tempo, passariam a ir atrás dos atacadistas do Alibaba. A concorrência seria inevitável. Então decidi que o único jeito de desacelerar o avanço deles seria lançar um site para competir diretamente com o site deles em chinês. Assim, no mês passado, reuni seis pessoas na minha sala. Disse que tinha um projeto secreto para elas. Se quisessem saber do que se tratava, primeiro precisariam pedir demissão do Alibaba e ir trabalhar em um local secreto. Não poderiam contar aos amigos nem à família no que estariam trabalhando. Não poderiam nem contar a ninguém no Alibaba. Esperei alguns minutos para que pensassem a respeito e disse que, se não tivessem interesse, não precisariam aceitar a tarefa. Poderiam continuar trabalhando normalmente no Alibaba, sem ressentimentos. Poucos minutos depois, todos eles voltaram para a sala e anunciaram: "Jack, a gente topa!".

Eu sorria por dentro enquanto Jack me contava a história. Estava claro que a oferta era irrecusável. Mas, em vez de simplesmente lhes atribuir o novo projeto, Jack preferiu tornar a coisa toda mais teatral e excitante, como quem já estava preparando o terreno para contar a história dez anos depois. Pode ter sido um pouco exagerado, mas fazia parte da diversão de trabalhar no Alibaba.

– Então, depois que eles assinaram o contrato – Jack continuou –, falei que o projeto consistia em desenvolver um site de leilões voltado ao consumidor para competir diretamente com a EachNet na China. E, para construir o site, eles teriam de voltar às raízes do Alibaba: meu apartamento em Hupan Gardens. Eles trabalharam no site enquanto todo mundo estava em quarentena. Botaram o site no ar há algumas semanas, e está decolando!

Ele se inclinou sobre meu computador e disse:

– Dá uma olhada nele. Chama-se Taobao. Quer dizer "caça ao tesouro". Abra o Taobao.com.

Digitei esse nome, e o navegador abriu um site de compras que parecia um cruzamento entre o Alibaba.com e o eBay. Era bem básico e não parecia chegar ao nível da EachNet. Mas eu tinha aprendido a não julgar um trabalho em andamento – e, para um site que estava no ar há apenas algumas semanas, não era nada mau.

– O site vai muito bem – Jack continuou. – Os primeiros usuários parecem estar adorando. E, é engraçado, algumas pessoas do Alibaba estão me procurando e dizendo: "Jack, a gente precisa tomar muito cuidado. Tem um site novo chamado Taobao que lembra muito o Alibaba. Esses caras podem dar muito trabalho para a gente no futuro". Eles não imaginam que o site é nosso. Vai ser um grande sucesso um dia.

Se fosse três anos antes, eu teria permanecido cético. Mas, depois de ver previsões de Jack se tornarem realidade na nossa batalha contra os grandes concorrentes no B2B, passei a acreditar que, se ele dizia que era possível, provavelmente estava certo. A intuição de Jack havia nos levado até ali. Era melhor simplesmente abolir a descrença e entrar na onda com dele.

– Então, como posso ajudar? – perguntei.

– Estamos prontos para lançar o Taobao. E, quando fizermos isso, vamos declarar guerra ao eBay. O lançamento precisa ser uma enorme bomba e gerar muito burburinho na imprensa. Não quero que seja uma guerra entre o Taobao e a EachNet. Precisa ser Taobao *versus* eBay. É uma história do Alibaba enfrentando o Golias.

Era a marca registrada de Jack. Justamente quando o Alibaba tinha se estabilizado e se tornado rentável, ele estava disposto a apostar a empresa toda em mais um grande sonho. Nenhum desafio era grande demais para esse cara.

– Então, todo mundo concorda com o plano? – perguntei.

– Joe e Savio estão de acordo. Um de nossos executivos seniores disse que eu era louco e ameaçou sair da empresa se eu quisesse enfrentar o eBay – Jack respondeu. – Mas, depois de um tempo, eu o convenci também. Parece que o Masayoshi Son, do Softbank, vai investir. Ele ia investir antes de começarmos, mas demorou muito para decidir, então fomos em frente e começamos sem ele. Agora eu já disse a ele que o preço subiu.

"Então se prepare, Porter. Sei que você está focado no Alibaba.com agora, mas vou precisar da sua ajuda para fazer um grande anúncio em breve. É muito importante que a imprensa estrangeira comece a noticiar a respeito para a gente ganhar impulso. Precisamos forçar o eBay a entrar em uma guerra de palavras, e o único jeito de fazer isso é chamando a atenção da imprensa nos Estados Unidos."

Depois que Jack saiu da minha sala, decidi ir conhecer a equipe do Taobao. Sempre lastimei um pouco o fato de não ter feito parte do Alibaba nos tempos daquele lendário apartamento, então não quis perder essa nova oportunidade. Afinal, poderia ser um momento histórico, e eu queria ver as operações secretas do Taobao com meus próprios olhos.

Bati à porta do apartamento, esperando encontrar um burburinho de atividade, com engenheiros, desenvolvedores de produto e web-designers trabalhando freneticamente para o grande lançamento do site. O que encontrei, contudo, foi exatamente o oposto. Estávamos no meio da tarde, mas mesmo assim o apartamento estava quase vazio, com exceção de dois programadores dormindo no chão ao lado de um par de computadores com o monitor desligado.

Um engenheiro entrou na sala, vindo da cozinha, comendo ruidosamente seu lámen na tigela.

– Cadê todo mundo? – perguntei.

– Caiu de novo a luz do prédio. Todo mundo foi para casa descansar.

Ele voltou à cozinha, me deixando na sala com os dois engenheiros adormecidos. Imaginei a equipe do eBay, do outro lado do mundo, no Vale do Silício, provavelmente trabalhando em escritórios elegantes, com ar-condicionado e fileiras de servidores zunindo. Enquanto isso, nós nem conseguíamos garantir a energia elétrica. Não pude deixar de me perguntar se aquela equipe conseguiria derrotar a mais poderosa pontocom do mundo.

Uma semana depois, o Taobao estava pronto para o lançamento oficial. Em uma coletiva de imprensa lotada em Hangzhou, anunciamos o investimento de 12 milhões de dólares na empresa e a criação de um mercado customizado para o consumidor chinês. O site seria disponibilizado gratuitamente por três anos. Jack argumentou que a China precisava de um modelo próprio de e-commerce e que, diante de um mercado ainda incipiente, era cedo para cobrar dos clientes.

– Hoje não vamos dizer como o Taobao vai ganhar dinheiro. O foco do Taobao neste momento é ajudar a desenvolver o e-commerce para os consumidores e lhes oferecer bons serviços. Acredito que o mercado é enorme. Se vocês analisarem os sites existentes voltados ao consumidor chinês, vão ver que a maioria só copia o modelo americano – Jack explicou aos repórteres.

Disponibilizar o Taobao gratuitamente era fundamental para diferenciar o site do eBay, que cobrava taxas dos usuários. Nossa aposta foi que o eBay não tinha como fazer a mesma coisa, já que isso exporia a empresa a uma intensa pressão dos investidores de Wall Street, que esperavam que o eBay capitalizasse rapidamente os 180 milhões de dólares que eles já haviam investido no mercado. Dito e feito: imediatamente depois da nossa entrevista coletiva, os jornalistas entraram em contato com o eBay para perguntar se eles também ofereceriam serviços gratuitos. Pego de surpresa, o diretor de relações públicas do eBay na China disse que o eBay permaneceria um site pago, porque cobrar pelos anúncios de produtos e comissões era importante para manter um mercado saudável na internet. No fim do dia, já tínhamos atingido nosso objetivo: empurrar o eBay contra a parede, colocando-o numa posição que eles teriam dificuldade de mudar.

O apelo de marketing do Taobao – "três anos grátis" – ajudou a atrair novos usuários. Foi uma manobra particularmente importante no ambiente de baixa confiança da China, no qual as pessoas sempre querem testar o serviço antes de serem obrigadas a pagar por ele. À medida que nossa guerra de palavras se intensificava, o eBay alegou ter uma participação de 95% no mercado de consumo chinês e afirmou aos investidores e à imprensa que nunca havia perdido um mercado no qual tivesse uma liderança consolidada. Segundo eles, os efeitos em rede de um mercado on-line eram simplesmente fortes demais para ser superados. No entanto, a participação de mercado de 95% do eBay só representava os 10 milhões de usuários chineses da internet que de fato tinham experimentado o e-commerce. Noventa e nove por cento da população da China ainda não tinha tentado comprar nada na internet. E, em vez de querer atrair primeiro os vendedores do eBay, nós simplesmente nos concentramos em todos os outros. Como tínhamos milhões de clientes usando nosso site em inglês e nosso site B2B chinês – o Alibaba China –, já contávamos com uma base de vendedores que poderiam facilmente adicionar um novo negócio de varejo a suas prósperas operações atacadistas.

Desde o primeiro dia, reconhecemos que não bastaria disponibilizar o Taobao gratuitamente. É bem verdade que isso atrairia novos usuários, mas também precisaríamos fidelizá-los. A mensagem de Jack para a equipe era esquecer totalmente o modelo de negócio do eBay nos Estados Unidos. Segundo ele, era mais importante nos concentrarmos nos consumidores chineses e desenvolvermos soluções que satisfizessem as necessidades específicas deles, em vez de imitar o que dera certo nos Estados Unidos.

O primeiro passo foi reconhecer que o modelo de e-commerce para consumidores na China não seria um modelo de leilão, como o eBay. Enquanto o eBay havia começado com pessoas anunciando porta-balas Pez e outros itens colecionáveis que os usuários achavam no porão de casa e disponibilizavam em leilões na internet, a cultura do consumo na China era completamente nova. Os chineses não tinham cem anos de produtos de consumo acumulando poeira no porão. Depois da pobreza resultante da Revolução Cultural, ninguém tinha nada para colecionar, exceto alguns livrinhos vermelhos de Mao. O que nossos clientes realmente queriam era apenas uma vitrine para vender seus produtos. Nosso objetivo não era criar um mercado onde vários compradores pudessem dar lances para comprar um único produto postado na internet, mas sim criar um mercado onde muitos vendedores pudessem competir para oferecer a mais ampla gama de produtos e serviços da mais alta qualidade a compradores que, se quisessem, poderiam ir pessoalmente às compras nos milhões de lojinhas físicas da emergente economia de varejo da China.

Partindo dessa premissa fundamental, o Taobao era muito diferente do eBay China. Temendo que compradores e vendedores pudessem burlar o sistema e deixar de pagar as comissões, o eBay fazia de tudo para bloquear a comunicação entre eles antes de fecharem a compra. Essa medida representou um grande inibidor do comércio em um ambiente no qual as pessoas estavam acostumadas a formar um relacionamento pessoal antes de fechar um negócio.

Nossa abordagem era exatamente o oposto. Como nosso site era gratuito, para nós não fazia diferença se os varejistas fechavam negócio com os compradores pelo nosso site ou não. Na verdade, nós os encorajávamos a conversar por telefone, se conhecer e até a fechar grandes transações pessoalmente. Estávamos confiantes de que, assim como conseguíramos encontrar um meio de ganhar dinheiro com os usuários do Alibaba.com sem cobrar taxas por transação, acabaríamos dando um jeito de lucrar com o Taobao se os vendedores pudessem ganhar dinheiro. Mas, primeiro, era importante criar uma plataforma que lhes desse *mais* ferramentas do que eles já tinham off-line, e não menos.

Para isso, decidimos fornecer um software de bate-papo ao vivo que permitiria aos compradores entrar em contato direto com os vendedores e conversar com eles em tempo real. Os chineses adoravam bater papo na internet, e não podíamos imaginar o comércio na China sem isso. Seria como dizer a um varejista americano que ele não poderia ter um telefone e que simplesmente teria de depender do correio para se comunicar com os clientes. Então, lançamos um software de bate-papo chamado Wang Wang, incluindo emoticons atraentes e chamativos. Compradores e vendedores rapidamente adotaram o software de bate-papo como uma parte regular de sua maneira de fazer negócios.

Para o eBay, um serviço como o Wang Wang era impensável. Permitir que compradores e vendedores batessem papo em tempo real destroçaria todo o modelo de negócio do eBay. Se as pessoas pudessem pechinchar e negociar usando uma ferramenta de bate-papo, elas mais uma vez poderiam evitar o pagamento dos anúncios de produtos e das taxas de transação do eBay. Mas, em uma nação onde o bate-papo constituía parte essencial do modo como os jovens usavam a internet, o eBay estava ignorando um fato importantíssimo.

Outra importante diferenciação foi a forma de pagamento. O governo mantinha um rigoroso controle sobre os domínios de notícias e informações na internet, mas sempre interferira relativamente pouco no e-commerce. Na verdade, a principal razão para terem permitido a expansão da internet na China eram seus possíveis benefícios econômicos. Assim, desde que as empresas de e-commerce atuassem com responsabilidade, o governo assumiria uma postura relativamente encorajadora. A única exceção eram os pagamentos on-line, que entravam no âmbito da indústria bancária altamente regulada da China.

Os pagamentos do e-commerce constituíam uma área cinzenta, e não havia regras claras estabelecendo se e como as empresas podiam intermediar pagamentos on-line. Jack estava ciente desse problema e me explicou como pretendia resolvê-lo:

– O problema dos pagamentos on-line até agora é que nunca existiu um padrão de fato para isso na China. A razão é que todos os bancos subsidiados pelo Estado querem criar seu próprio padrão e se recusam a cooperar entre si. Mas eu bolei a solução. Vamos criar um serviço chamado AliPay e cadastrar todos os bancos como parceiros.

Ele explicou que o diferencial do AliPay em relação ao PayPal do eBay seria que nosso serviço não providenciaria pagamentos diretos entre comprador e vendedor. Em vez disso, seria um sistema de pagamento baseado em depósitos em garantia que superaria a maior barreira ao e-commerce na China: a falta de confiança entre compradores e vendedores. Assim, por exemplo, depois de fazer um pedido, o comprador primeiro deposita o dinheiro em uma conta do AliPay hospedada em um dos bancos parceiros. O vendedor envia o produto. E só depois de o comprador inspecionar o produto e confirmar que corresponde à descrição anunciada é que o dinheiro é enviado pelo AliPay à conta bancária do vendedor.

– Na verdade, essa ideia não é inteiramente nova – Jack explicou. – O eBay tentou adotá-la na Coreia, mas acabou desistindo. Aqui, achamos que vai dar certo. E, quando o AliPay crescer o suficiente, poderemos incluir pagamentos diretos. À medida que o AliPay se popularizar, um dia poderá se tornar o maior banco da China.

Como sempre, Jack estava sonhando grande.

12

Os Caras do Google

Parecia ser apenas mais um típico dia chuvoso em Hangzhou, no outono de 2004. Então, quando o e-mail inesperado entrou na minha caixa de entrada, me animei na hora. Os Caras do Google estavam vindo à China e queriam nos conhecer.

Tendo acabado de sair do IPO no mês anterior, quebrando todos os recordes, os Caras do Google – Larry Page e Sergey Brin – eram os novos heróis bilionários da indústria da internet. Era quase impossível encontrar uma revista que não os apresentasse como matéria de capa. Ser convidado para uma conversa com eles era um pouco como ir ver o Mágico de Oz, já que uma aura de mistério os precedia.

Tendo acompanhado de perto o desenvolvimento do Google, nós os víamos com reverência. Mas nossa reverência vinha temperada com uma saudável dose de medo. A visita dos Caras do Google à China só podia significar uma coisa: o Google estava voltando sua atenção para o mercado chinês. E, nos nossos piores pesadelos, imaginávamos uma sala cheia de técnicos vestindo jaleco, na sede do Google, apertando um botão rotulado "Destruidor de Alibaba" e... puf! Ainda assim, ninguém duvidava que, quando os Caras do Google batem à sua porta, é melhor atender. Se havia alguma chance de tê-los do nosso lado, e não contra nós, o mais sensato seria aceitar o convite. Concordamos que Jack, Joe Tsai e eu iríamos a Xangai para receber a equipe do Google em uma sala de reunião privada no hotel Grand Hyatt.

À medida que eu reforçava nossos anúncios nas buscas do Google, minha admiração só crescia. Desde a minha longa semana de quarentena, eu tinha ficado obcecado em monitorar e incrementar nossa campanha de anúncios. Passava dia e noite grudado no computador, verificando constantemente os relatórios de anúncios do Google para ver quantas novas pessoas tínhamos atraído ao site a cada dia, cada hora, cada minuto. Era incrível ver como, de dentro de um minúsculo apartamento no meio da China, podíamos coordenar uma campanha de marketing global. Eu estava viciado no Google, atordoado com o fato de algo tão simples ser tão poderoso.

Em apenas um ano, nosso orçamento inicial de 600 dólares tinha crescido para 1 milhão de dólares, o que nos tornou o maior anunciante do Google na China. À medida que nosso orçamento de publicidade crescia, nosso relacionamento com a empresa ficava mais forte, e, no início de 2004, um colega e eu fomos convidados a ir ao Googleplex, no Vale do Silício, com todas as despesas pagas, a fim de falar para os funcionários do Google sobre nossa experiência com a publicidade no site.

Viajar de Hangzhou ao Googleplex foi como fazer uma peregrinação a Meca, e sabíamos que seria uma oportunidade única de ver de perto o epicentro da indústria da internet. Percorrendo o moderno e amplo *campus* de edifícios de vidro e aço, vimos Googlers jogando vôlei, indo de patins de um prédio a outro, sentados ao ar livre de short e óculos de sol enquanto tomavam café e produziam ideias para a próxima grande inovação. Esse outro universo parecia ao mesmo tempo similar e distante da rudimentar indústria da internet chinesa. Se o escritório insípido do Alibaba em Hangzhou era um Chevette quebrado, o cintilante Googleplex era mais como um Porsche novo e reluzente. Tecnicamente, os dois eram carros, mas as semelhanças terminavam aí. Não pude deixar de ficar impressionado com o poder contido naquele complexo de escritórios.

E foi assim que, cinco meses depois, eu me vi esperando Sergey e Larry em um saguão de hotel em Xangai. Joe e Jack estavam a caminho, e, como eu tinha chegado bem antes, passei o tempo andando de lá para cá pelo lobby, olhando pelas janelas para o Rio Huangpu, tentando enxergar os prédios coloniais do outro lado do rio através da densa mistura de fumaça e neblina de Xangai. Como eu não tinha encontrado os Caras do Google na minha viagem à sua sede, estava ansioso para finalmente conhecê-los e ver como eram na realidade.

Quando Joe e Jack chegaram, sentamos e nos pusemos a elaborar uma estratégia. O pessoal do Google tinha sido vago quanto ao objetivo do encontro, de modo que só podíamos imaginar as intenções deles. No fundo, nós nos perguntávamos, talvez esperando que fosse isso, se o Google não estava lá para propor uma grande parceria ou para nos adquirir por uma bolada. Mas decidimos não correr riscos.

– Foi o Google que convocou a reunião, então vamos só entrar e ouvir – Joe propôs. – Não precisamos mostrar todas as nossas cartas.

Chegamos à sala de reuniões, onde fomos recebidos por alguns funcionários do Google e orientados a nos sentar e esperar enquanto o restante da equipe voltava de um intervalo. Passando os olhos pela sala, percebi que não éramos as únicas pessoas que os mandachuvas do Google tinham convocado naquele dia. Havia cadeiras espalhadas pela sala, e a grande mesa estava repleta de documentos soltos e sanduíches meio comidos. Eu havia imaginado uma reunião formal para discutir potenciais parcerias, mas na verdade a impressão era que estávamos entrando em uma sessão de brainstorming interno do Google.

Enquanto esperávamos, batemos papo com o pessoal, uma mistura de executivos seniores de operações e de vendas internacionais. Agora que o IPO já havia acontecido, eles nos disseram, o Google estava voltando sua atenção para os mercados internacionais. Um pouco desnecessariamente, também mencionaram o jato particular que haviam fretado para aquela viagem ao redor do mundo.

De repente, Larry Page entrou na sala, apertou nossa mão e se acomodou em uma ponta da mesa. Eu tinha lido tanto sobre ele que esperava um charmoso e carismático pioneiro da internet, mas minha primeira impressão foi que ele estava mais para um geek clássico do setor da tecnologia. Curvado para a frente em sua cadeira, olhava mais para os funcionários do Google do que para nós, enquanto falava em um tom de voz monótono e agudo. Sua cabeça e os ombros pareciam se mover como um único bloco fixo, o que tornava seus maneirismos um pouco robóticos. Até os colegas dele pareciam constrangidos com seu estilo um tanto quanto áspero. Page era uma pessoa fácil de respeitar, mas era difícil se empolgar com ele.

Afastando de uma vez por todas qualquer esperança nossa de o Google estar lá para fazer uma oferta de aquisição, Larry perguntou:

– Então, o que é o Alibaba?

Ficou claro que ele não sabia direito o que fazíamos, mas Jack não pareceu se importar. Em alguns minutos, apresentou o negócio e a história do Alibaba à equipe do Google. Como sempre, Jack irradiava entusiasmo, mas a equipe visitante – talvez por ter ouvido o mesmo tipo de história muitas vezes ao longo dos anos – parecia indiferente.

Ainda não sabíamos ao certo quais eram as intenções deles e pedimos mais informações sobre o objetivo da reunião. Isso os levou a uma rodada de perguntas sobre nossas operações e modelo de receita. "Então, onde fica a maioria de seus anunciantes? Só nas grandes cidades ou espalhados pelo país?"; "Como vocês vendem para esses clientes? Vocês usam agentes ou vendem diretamente?"; "Sua equipe de vendas tem quantas pessoas? Quanto vocês pagam por mês para eles? Que tipo de comissão vocês dão?"

No começo, tentamos responder o mais educadamente possível, mas, com o tempo, o objetivo da reunião foi ficando claro: o Google estava nos googlando. Estávamos sendo dissecados e peneirados em busca de pontos de dados para alimentar a máquina do Google. Diante da saraivada de perguntas, percebi que o Alibaba era apenas mais uma de uma série de empresas cujos executivos haviam sido convocados para dar informações que acabariam sendo usadas contra nós.

Olhei para Jack, para ver como ele estava encarando aquilo. O sorriso dele tinha se transformado em uma carranca, e ele estava afundando cada vez mais na cadeira. Pela expressão de seu rosto, pude ver que estava decepcionado, até enojado. Joe parecia igualmente irritado, e a reunião foi ficando cada vez mais constrangedora à medida que nossas respostas se tornavam progressivamente defensivas.

Quando eles fizeram uma pergunta particularmente confidencial, tentei aliviar o clima, brincando:

– Bom, podemos responder a essa pergunta se antes vocês nos derem o algoritmo secreto de busca do Google.

Joe e Jack riram, mas Larry e sua equipe mantiveram a expressão impassível e prosseguiram com o interrogatório.

Talvez percebendo nosso crescente mal-estar, um dos Googlers juniores entrou na conversa:

– Bem, como vocês sabem, o Alibaba é um dos maiores anunciantes do Google na China, e a gente queria saber como estamos nos saindo e como podemos melhorar.

Como eu era o responsável pelas campanhas de publicidade no Google, Joe e Jack se viraram para mim.

– Bem, em comparação com o Yahoo!, nós adoramos a tecnologia do Google e mais ainda os resultados que obtemos – eu disse. – Mas estamos mais satisfeitos com o atendimento que recebemos do Yahoo!. A equipe deles dedica mais tempo para trabalhar com a gente e melhorar nossas campanhas.

Larry interrompeu, brincando:

– Por que então vocês não ficam com o atendimento do Yahoo! e gastam o dinheiro no Google?

Olhei para Jack, que estava nitidamente abismado. Embora sem dúvida tivesse sido só uma piada (de mau gosto), o comentário de Larry revelava uma diferença fundamental entre o Google, a empresa de tecnologia, e o Alibaba, a empresa de serviços. Como o Yahoo!, o Alibaba se orgulhava de usar editores humanos desde o início, e, como Jack gostava de declarar: "Não somos uma pontocom, somos uma empresa de serviços". O Google, por sua vez, acreditava que quase tudo poderia ser automatizado, incluindo o atendimento ao cliente. Dado esse abismo entre nós, não era de surpreender que Jack tivesse se entrosado muito mais com Jerry Yang, fundador do Yahoo!, do que com os Caras do Google.

Quando a conversa já começava a empacar, Sergey Brin entrou na sala, mastigando uma maçã. Ele nos cumprimentou e, em vez de se sentar conosco à mesa, ficou andando pela sala, participando da conversa entre uma mordida e outra. Vestido com roupas informais, com os cabelos escuros jogados para trás emoldurando um rosto pontudo, parecia ter acabado de sair de um jogo de *frisbee* em uma quadra esportiva de Stanford. Seu estilo enérgico e informal parecia ter raízes mais profundas no Vale do Silício do que em sua Rússia natal. À primeira vista, Sergey parecia não ter nada a ver com Larry, que dava a impressão de pegar mais luz do monitor de seu computador do que do céu ensolarado da Califórnia. Mas, quando Sergey falou, ficou claro que por trás daquela fachada despojada havia uma mente focada e decidida que adorava ruminar problemas complexos.

– Então, o que vocês estavam falando antes de eu chegar? – ele perguntou.

Jack repetiu algumas das informações essenciais sobre a empresa, enquanto Sergey andava pela sala. Ele era claramente o lado sociável e comunicativo da dupla, embora o jeito como caminhava – como quem está no comando da reunião – tivesse um ar de arrogância. Porém, apesar das diferenças de estilo, Jack parecia ter simpatizado com Sergey, e o tom da reunião ficou muito mais amigável. Depois de um tempo, Sergey se sentou, e a conversa se voltou para as regulamentações governamentais da internet na China.

Todos nós sabíamos que, quando o Google se voltou para o mercado chinês, viu-se diante de um dilema, especialmente no que diz respeito à censura. Apesar de não ter nenhuma presença física em território chinês, os serviços do Google tinham crescido rapidamente no país pela propaganda boca a boca. Mas a trajetória do Google na China fora acidentada, e o serviço volta e meia era bloqueado pelo *firewall* local. Se o Google realmente quisesse se tornar um líder na China, teria de estabelecer operações no país e montar uma equipe chinesa, o que implicava seguir as leis locais.

Com base nas minhas conversas anteriores com funcionários do Google, eu sabia que, dentro da empresa, ninguém chegava a um consenso sobre como resolver o problema da censura. Apesar de eu respeitar e admirar a postura do Google quanto à responsabilidade social corporativa, que se traduzia na simples frase "Não seja mau", eu também sabia que na China as coisas nem sempre eram preto no branco.

Sergey foi o primeiro a entrar no assunto.

– Ainda estamos trabalhando em como montar nossos sites por aqui – ele começou. – Obviamente, a questão do *firewall* na China é muito importante para nós. Como vocês acham que o governo reagiria se a gente simplesmente permitisse que os resultados das buscas no Google fossem exibidos sem filtros e o próprio *firewall* do governo chinês se encarregasse de remover os resultados de busca politicamente sensíveis? Isso seria o ideal para nós: não nos encarregar ativamente da filtragem.

Jack balançou a cabeça.

– Entendo o que você quer dizer, mas o governo jamais aceitaria isso.

– Por quê?

– Do ponto de vista do governo, seria como se vocês entrassem no país e saíssem espalhando lixo pela rua, esperando que a polícia fosse atrás, recolhendo tudo.

A equipe do Google pareceu desapontada. Sergey sugeriu uma série de diferentes cenários que, como os executivos do Google esperavam, lhes possibilitariam operar os negócios na China sem nenhuma censura de conteúdo. Mas, na opinião de Jack, nenhuma dessas ideias cumpriria o requisito básico de acatar as leis chinesas.

– Veja bem – Jack disse –, o governo da China é muito favorável à internet. Eu atuo na internet desde 1995, e nunca ninguém chegou e disse: "Jack, você não pode fazer isso ou você não pode fazer aquilo". Se vocês vierem para a China e o seu negócio ajudar a criar empregos, se vocês ajudarem a sociedade, eles vão dar apoio. Mas, se operarem um negócio na China, precisarão seguir as leis chinesas. Isso vale para todas as empresas em todos os países.

A equipe do Google parecia emburrada. Autocensurar conteúdo era uma ideia que eles claramente tinham dificuldade de aceitar. A missão declarada do Google era "organizar as informações mundiais e torná-las acessíveis e úteis a todos". Era inerente a essa missão a ideia de que tornar as informações acessíveis a todos outorgaria poder econômico, social e até político ao próprio povo.

A sala ficou em silêncio por alguns minutos, enquanto a equipe do Google refletia sobre as opções. O silêncio foi quebrado quando um funcionário deles nos informou que o tempo havia acabado. Enquanto nos despedíamos com apertos de mão, percebi que provavelmente ainda levaria um tempo até o Google conseguir resolver as questões éticas envolvidas em atuar na China. Mas eu também sabia que, mais cedo ou mais tarde, eles dariam um jeito de resolver isso, e precisávamos estar preparados para quando isso acontecesse.

13

Crocodilo no Rio Yangtze

Helicópteros militares zumbiam no céu enquanto uma fileira de tanques cruzava estrepitosamente o campo de batalha, destruindo tudo à vista. Uma equipe de soldados de elite avançava em zigue-zague, esquivando-se de explosões e do fogo do oponente enquanto se aproximava da fortaleza inimiga.

– Temos o inimigo na mira – informou uma voz pelo alto-falante. – Atirem quando estiverem prontos!

Com um lampejo, um helicóptero lançou um míssil pelo ar, deixando um rastro de fumaça ao se dirigir ao complexo de prédios do inimigo.

Bum! Crash! Ta-ta-ta-ta-ta. O complexo de edifícios inimigo explodiu em chamas.

– Inimigo destruído! A milícia do Taobao tomou um novo ponto estratégico na orla! – anunciou aos berros o narrador. – Ninguém pode deter o avanço do Taobao!

« »

O vídeo chegou ao fim, e uma música militar triunfante invadiu o auditório enquanto as luzes se acendiam. A plateia aplaudiu e gritou, enquanto o Alibaba entrava em 2005 impelido pelos ventos da vitória. Era o encontro anual de todos os funcionários para dar o pontapé inicial no novo ano, e tínhamos muitas razões para receber o Ano do Galo com uma salva de palmas.

O ano de 2004 fora fenomenal para o Taobao, e tínhamos feito grandes investidas contra o eBay na China. Nossa estratégia para engajar o eBay em uma guerra de palavras criara um grande burburinho na imprensa chinesa. Posicionando-nos como o Davi chinês lutando contra o Golias americano, queríamos ensinar ao mercado o que era o e-commerce e atrair novos consumidores para testar os serviços do Taobao.

Superamos alguns importantes obstáculos criados pelo poder de fogo e pelos recursos superiores do eBay. Na esperança de tirar o Taobao do mercado, o eBay havia negociado acordos exclusivos de anúncios com todos os grandes portais de internet na China, mas teve de pagar mais para impedir o Taobao de anunciar nos portais. A fim de sobreviver a esse ataque direto, adotamos uma tática de guerrilha e negociamos pequenos acordos de publicidade com centenas de pequenos sites por todo o país que não se incomodaram em nos dar um desconto em relação à tabela de anúncios on-line praticada na China. Esses sites recebiam com gratidão qualquer anunciante disposto a pagar para postar um anúncio. Essa tática, aliada a alguns ataques aéreos na forma de publicidade na TV e campanhas em outdoors, vinha apresentando excelentes resultados com apenas uma mera fração do montante que o eBay estava gastando.

O Taobao crescia rapidamente em todas as métricas. Enquanto o eBay cobrava dos consumidores para anunciarem seus produtos, o Taobao oferecia o serviço de graça. Com isso, o Taobao excedeu o número de anúncios de produtos do eBay. Com mais produtos para os clientes escolherem, o tráfego do site do Taobao superou o do eBay. E, com o aumento do tráfego do Taobao, os PowerSellers do eBay (vendedores de alto volume com as melhores reputações), que inicialmente haviam resistido a passar para o Taobao, não tiveram escolha a não ser abrir uma segunda vitrine no Taobao. Em quase todas as métricas, o Taobao estava superando o eBay, o que nos dava o direito de nos gabar de o Taobao ser "o maior mercado de consumo on-line da China", ganhando ainda maior visibilidade com os clientes.

É bem verdade que todo esse alarde de marketing ocultava um fato importante. No fim de 2004, ainda estávamos atrás do eBay na métrica-chave que a imprensa e os analistas usavam para avaliar os mercados: o volume bruto de mercadorias (GMV, na sigla em inglês) ou, em outras palavras, o total das vendas realizadas no site. Mas até nessa métrica os números pareciam promissores. Apesar de termos começado 2004 com uma participação de mercado de 9% de GMV, contra 90% do eBay, fechamos esse ano com uma participação de mercado de 41% contra 53% do eBay. Enquanto a imprensa e os analistas de fora da China ainda achavam que o eBay sairia vencedor, internamente nós ganhávamos confiança suficiente para acreditar que estávamos no caminho certo.

No auge da animação no encontro anual, Jack subiu ao palco.

– O ano de 2004 foi excelente para todos nós, e podemos nos orgulhar muito do que realizamos até agora. Só duas empresas no mundo sabem como criar um mercado de e-commerce: o Alibaba e o eBay. E, no ano passado, mostramos ao mercado que conhecemos a China muito melhor do que o eBay. Mas, como costumamos dizer no Alibaba, os resultados do ano passado são o nível mínimo para as realizações do próximo ano. E não esqueçam: não queremos que o Taobao seja apenas o maior mercado de consumo da China. Queremos que seja o maior do mundo!

A plateia aplaudiu freneticamente enquanto Jack descia do palco para entregar o microfone a Toto Sun, diretor do Taobao.

– Obrigado, Jack, por todo o apoio. E Jack está certo: nós vamos derrotar o eBay. Porque uma coisa eu sei: quando os demônios estrangeiros vêm à China, eles definitivamente acabam mortos!

Eu estava no fundo do auditório e sorri, enquanto a multidão ria e aplaudia. Reconheci o velho grito de guerra do Exército Vermelho e sabia que aquilo não passava de uma brincadeira inofensiva. Mas, em momentos assim, eu me perguntava se esse tipo de distanciamento irônico não acabaria nos prejudicando no longo prazo. Então fiquei aliviado quando Jack imediatamente subiu ao palco e pegou o microfone de Toto.

– Quero deixar uma coisa bem clara aqui – Jack disse. – Nossa guerra é só uma competição divertida com o eBay e não tem nada a ver com nacionalismo. O Alibaba é uma empresa global, e temos pessoas da América, da Europa e de outros lugares trabalhando com a gente. Então não quero ouvir nenhum papo nacionalista. Isto é um jogo. Um esporte. Temos sorte de ter um concorrente tão grande quanto o eBay. É como se tivéssemos a chance de jogar basquete contra Michael Jordan.

Feito o esclarecimento, Jack devolveu o microfone a Toto. Devidamente posto em seu lugar, Toto retomou seu discurso. Fiquei aliviado com a intervenção de Jack para conter a retórica antes que aquilo fosse longe demais, mesmo à custa do orgulho ferido de um alto gestor (o que não é pouca coisa na cultura chinesa). Toto era um ótimo colega e amigo, mas suas palavras poderiam facilmente ter saído do controle. E eu sempre me orgulhei do fato de o sucesso do Alibaba se fundamentar na inovação e no mérito, e não na retórica nacionalista.

Na China, todo mundo sabia do incrível progresso que o Taobao estava fazendo, mas, do outro lado do mundo, o eBay tinha convencido a imprensa e seus investidores de que ainda era o maior mercado da China. Não é de surpreender. A ideia de que a maior empresa de e-commerce do mundo poderia ser vencida por um arrivista chinês novato soaria ridícula aos ouvidos da imprensa e dos analistas que cobriam o eBay na época. O eBay começou o ano de 2005 cortejando os analistas; a CEO, Meg Whitman, usou o encontro anual de analistas para falar favoravelmente sobre o crescimento do eBay na China, explicando o investimento adicional de 100 milhões de dólares que a empresa fizera recentemente no mercado:

– Hoje a EachNet do eBay é de longe o site número 1 de e-commerce na China. Estamos ajudando o país a definir seu e-commerce no futuro, e é uma enorme satisfação ver a EachNet ajudando tantos jovens chineses a ter um gostinho do empreendedorismo pela primeira vez.

"Agora, como na época das origens da internet nos Estados Unidos e em outros países, estamos sendo mordiscados por um monte de pequenos concorrentes na China, e eu não os culpo. Eles também veem a oportunidade. Mas querem saber de uma coisa? Nós adoramos uma boa concorrência. Simplesmente adoramos. Sempre gostamos, desde o princípio. A concorrência nos motiva. Abre nosso apetite. Ficamos mais fortes e muito mais decididos. Estamos a caminho de nos tornar o vencedor indiscutível na China, e o investimento adicional de 100 milhões de dólares que anunciamos no mês passado indica nosso compromisso inequívoco e nossa determinação irrefreável de sairmos vitoriosos no mercado chinês [...] Assim como saímos à frente dos fortes concorrentes nos Estados Unidos e na Alemanha em 1999 e 2000, estamos avançando na China hoje [...] Nossa participação no mercado de e-commerce na China deve ser a maior medida de nosso sucesso na internet."[1]

Apesar da tentativa de Meg de apresentar a posição do eBay na China sob um ângulo positivo, nos bastidores ficamos sabendo que o eBay estava muito preocupado com o desempenho da EachNet. Uma pessoa que participara de uma reunião do conselho de administração da empresa americana nos contou que as pesquisas de mercado do eBay mostravam que, em uma comparação de igual para igual, o eBay estava ficando para trás do Taobao em quase todas as métricas, como atendimento ao cliente, satisfação do usuário, taxas de renovação e outras métricas importantes. Na verdade, eles só nos superavam no número de usuários cadastrados. E o Taobao estava rapidamente ganhando terreno. A história do crescimento do eBay na China ganhava destaque especial nas apresentações aos investidores, e a empresa devia estar preocupada com a possibilidade de a EachNet se revelar um tigre de papel se não conseguisse reforçar rapidamente sua posição na China. Ao investir mais 100 milhões de dólares no mercado chinês, um investimento em grande parte alocado à publicidade, o eBay se desdobrava na tentativa de demonstrar seu compromisso com a China e ao mesmo tempo nos intimidar.

No entanto, o fato de o eBay menosprezar o Taobao e não considerá-lo um concorrente legítimo só nos inspirou a ir em busca de metas ainda maiores. Nós sabíamos que criar um site excelente que se adequasse ao mercado chinês era mais importante do que qualquer estratégia de relações públicas ou marketing. Nessa frente de batalha, o eBay parecia estar nos dando a vantagem, cometendo o mesmo tipo de erro primário que qualquer estudante de primeiro ano de Administração em Harvard – a faculdade em que Meg Whitman obtivera seu MBA – poderia ter previsto.

Quando adquiriu o restante da EachNet, o primeiro passo do eBay – e seu primeiro erro colossal – foi vincular a plataforma chinesa à sua plataforma americana. A lógica do eBay era que, para criar um mercado global, a empresa devia colocar todos os países do mundo trabalhando com a mesma plataforma. A fim de fazer essa transição, o eBay paralisou todo o desenvolvimento de seus sites locais a fim de se preparar para a migração de dados e tecnologias à plataforma global. Com isso, o eBay eliminou recursos e funções customizados dos quais os usuários chineses tanto gostavam e os forçou a usar a mesma plataforma que era popular nos Estados Unidos e na Alemanha. Muito provavelmente, os executivos do eBay acreditavam que, como a plataforma obtivera sucesso em mercados mais industrializados, sua tecnologia e funcionalidade deviam ser superiores à plataforma de um país em desenvolvimento. A arrogância por trás dessa decisão não diferia da atitude que eu vira nos gestores internacionais do Alibaba em Hong Kong, os quais desprezavam o site da empresa por considerá-lo pouco sofisticado.

A reação dos usuários da EachNet foi um desastre instantâneo para o eBay. Os clientes fugiram em debandada para o Taobao, dizendo que a nova interface fria e minimalista do eBay não tinha o calor humano mais intangível do Taobao, com seus ícones atraentes e suas animações chamativas. Um problema adicional foi que, quando havia duplicidade de nomes de usuários, o eBay priorizava os membros internacionais e forçava os chineses a abrir mão de seu nome de usuário e cadastrar uma nova conta. Esse problema se revelou mais comum do que o eBay tinha previsto, prejudicando os PowerSellers do eBay na China, já que a reputação on-line que eles haviam conquistado ao longo do tempo era zerada e seus clientes fiéis já não conseguiam encontrá-los na internet. Os clientes do eBay na China invadiram os fóruns de discussão para reclamar do que consideraram um tratamento injusto. Ainda por cima, o eBay não levou em conta o *firewall* chinês, que desacelerava a internet entre os Estados Unidos e a China. Embora o e-commerce fosse considerado politicamente neutro e não censurado, por causa do *firewall* o acesso dos usuários chineses a sites internacionais era mais lento do que a sites chineses. Tínhamos encontrado esse problema com o Alibaba.com e, para resolvê-lo, montamos servidores espelho tanto nos Estados Unidos como na China. O fato de o eBay não ter conseguido prever esse problema provocou um desempenho insatisfatório do site.

Além dos problemas imediatos, a transição colocou o eBay a caminho de outros problemas no longo prazo. Para nós, isso estava claro, devido ao nosso próprio erro inicial de transferir as operações do site para o Vale do Silício. Forçar os desenvolvedores chineses de produtos a se reportar a executivos no Vale do Silício implicava que até a menor customização, como mudar a cor de um botão, precisava da aprovação da Califórnia. Dada a diferença de fuso horário, que só permitia uma hora de sobreposição entre os horários comerciais dos Estados Unidos e da China, sabíamos que a decisão do eBay cavaria um fosso enorme entre a equipe chinesa – que queria avançar rapidamente em um mercado dinâmico – e a equipe americana, acostumada com uma plataforma muito mais madura.

Outra parte importante de nossa estratégia foi abalar a crença dos investidores americanos do eBay no desempenho da empresa. Nossa estratégia de sermos "os últimos sobreviventes" tinha dado certo com o Alibaba. E sabíamos que poderia dar certo também contra o eBay. Se conseguíssemos convencer Wall Street de que o eBay estava queimando os investimentos ao mesmo tempo que perdia terreno para o Taobao, poderíamos testar a paciência dos investidores do eBay. E apostamos que o eBay acabaria sucumbindo à pressão de exibir resultados e perderia de vista os processos de longo prazo.

Convocamos o único jornalista que conhecia o Alibaba o suficiente para levar a sério nossas alegações sobre nosso desempenho: Justin Doebele, cujo artigo de julho de 2000 colocara o Alibaba na capa da *Forbes*. Justin vira Jack e o Alibaba em sua pior forma e nos acompanhou enquanto vencíamos nossos concorrentes americanos no mercado B2B, apesar de todo o ceticismo. Assim, quase cinco anos depois de ele nos ter visitado pela primeira vez em Hangzhou para registrar nossas batalhas no mercado B2B, convidamos Justin para voltar para lá, o levamos para um passeio de barco no Lago do Oeste e lhe demos todos os dados sobre nossa batalha com o eBay.

– Queremos ser o maior site do mundo para consumidores – Jack disse a Justin. – O eBay pode ser um tubarão no oceano, mas eu sou um crocodilo no Rio Yangtze. Se lutarmos no oceano, perderemos. Mas, se lutarmos no rio, venceremos.

Algumas semanas depois, a *Forbes* publicou o artigo de Justin, intitulado "Enfrentando um gigante". Essa foi a primeira vez em que uma grande publicação sugeria que o eBay não estava tendo tanto sucesso na China quanto alegava. Finalmente, tínhamos conseguido desferir um golpe considerável, abrindo os olhos dos investidores americanos para os tropeços do eBay na China. O eBay logo sentiria a pressão.

14

A linha direta entre o eBay e o Alibaba

Em um dia de céu excepcionalmente azul em maio de 2005, o Fórum Global, organizado pela revista *Fortune*, foi lançado no Diaoyutai State Guesthouse, em Pequim. A reluzente luz do sol refletia nos lustrosos pilares vermelhos, nos adornos verdes e no telhado dourado do hotel chinês, enquanto os participantes do evento entravam no salão principal. Quando o Diaoyutai foi inaugurado, em 1959, os hóspedes eram diplomatas e chefes de Estado dos aliados comunistas de Mao. Mas os tempos tinham mudado, e o hotel agora hospedava os mais proeminentes capitalistas do mundo, que afluíam a Pequim para fazer networking e bajular os líderes do governo, inclusive o presidente da China, Hu Jintao, que faria o discurso de abertura.

Entre esses capitalistas estavam Jack Ma e Meg Whitman. Seria a primeira vez que eles compareceriam juntos a uma conferência na China, e a imprensa estava de olho para ver se sairiam faíscas no encontro desses dois rivais.

Enquanto entrava descontraidamente no local na companhia de Jack, ele me revelou um segredo.

– Porter, amanhã à noite, Joe e eu teremos um jantar privado com Meg Whitman e o diretor de comunicações dela, Henry Gomez. Ainda não contei isto para você, mas o eBay manifestou interesse em comprar o Taobao.

Meus olhos se iluminaram. O eBay adquirindo o Taobao? Poderia ser uma coisa enorme.

– E o que eles disseram até agora?

– Eles entraram em contato com a gente no ano passado, querendo marcar uma reunião. Então fomos à sede do eBay para nos conhecermos melhor. Enquanto andava pelo escritório, encontrei alguns engenheiros chineses que me reconheceram. Mas até agora ninguém mais sabe. Eles nos fizeram uma oferta inicial, mas era baixa demais para sequer levarmos em consideração. Portanto, vamos nos encontrar com eles de novo amanhã à noite para ouvir o que eles têm a dizer dessa vez.

Essa história está ficando interessante, pensei. *O eBay deve realmente estar ficando muito nervoso.*

– Que tal entrarmos para dar uma olhada no espaço? – Jack sugeriu. – Quero saber o que esperar.

Jack e eu fomos até a sala de conferências onde ele faria sua palestra e imediatamente vimos Meg Whitman. Alta, confiante e com um grande sorriso, ela se aproximou.

– Oi, Jack. Que bom vê-lo de novo. Chegamos um pouco antes para ouvir sua palestra.

– Ah! Oi, Meg – Jack respondeu. – Seja bem-vinda a Pequim. Também quero muito ouvir sua palestra.

Sorridentes e batendo papo, os dois pareciam bons amigos se reencontrando. Não se via nenhum sinal de inimizade entre eles, apesar das batalhas em público.

Jack me apresentou:

– Este é Porter. Ele é o encarregado de nossas relações públicas internacionais.

Apertei a mão de Meg e trocamos algumas palavras amigáveis. Ao lado de Meg, diminuído pela altura dela, estava o diretor de comunicações do eBay, Henry Gomez. Eu me apresentei a Henry, e nos pusemos a trocar gracejos cordiais da melhor maneira possível. Fomos interrompidos quando um fotógrafo se aproximou como quem não quer nada, depois de ver Meg e Jack juntos. Antes de o fotógrafo tirar uma foto, Henry se colocou entre os dois CEOs. Só pude imaginar que ele queria evitar qualquer especulação pública de que o eBay e o Alibaba poderiam estar discutindo uma parceria.

Jack subiu ao palco e deu uma palestra atipicamente monótona. Eu esperava que ele arrasasse em sua fala, mas acho que ele se distraiu com o fato de Meg estar na plateia. Afinal, mesmo com o Taobao competindo em posição de igualdade com o eBay na China, ainda estávamos bem atrás deles no cenário mundial.

Depois da palestra de Jack, trocamos mais alguns cumprimentos cordiais, e Henry e eu trocamos cartões de visita.

– Vamos almoçar juntos enquanto você estiver aqui – sugeri.

– Claro. Que tal amanhã no meu hotel? – Henry respondeu. E nosso encontro estava marcado.

No dia seguinte, encontrei-me com Henry no saguão do St. Regis. Eu estava ao mesmo tempo nervoso e animado. Aquela situação me parecia um pouco como se os ministros de propaganda política dos Estados Unidos e da União Soviética estivessem se encontrando para um almoço secreto no auge da Guerra Fria.

Eu ainda não sabia ao certo como me portar nesse encontro. Por um lado, o eBay era nosso inimigo mortal. Por outro, se fôssemos adquiridos, seriam grandes as chances de eu trabalhar em estreita colaboração com Henry. *É melhor não ser muito hostil*, pensei. *Vou tentar manter um tom amigável.*

– Preciso tirar o chapéu para vocês. Realmente conseguiram dificultar nossa vida nos últimos tempos – Henry começou. – Estamos em certa desvantagem na China devido à diferença de fuso horário e ao fato de sermos uma empresa de capital aberto. Não temos como responder no ato sempre que um jornalista chega com uma pergunta.

Era verdade, e tínhamos feito questão de explorar esse ponto fraco deles nos nossos anúncios competitivos. Sabíamos que, quando anunciávamos algo ao meio-dia na China, o eBay ainda dormia nos Estados Unidos. Devido às restrições de ser uma empresa de capital aberto, qualquer resposta da equipe do eBay na China teria de ser aprovada pelo eBay na Califórnia. Promover esse tipo de marcação cerrada contra o eBay era o jeito mais eficaz de fazê-los aparentar morosidade e lentidão.

– Bom, a gente faz o que pode – respondi. – Tem uma coisa que vocês precisam saber sobre Jack Ma. É fácil subestimá-lo. Ele faz negócios como quem joga xadrez.

– Então, quantas pessoas você tem na sua equipe de relações públicas? – ele perguntou.

– Ah, só eu para cuidar das relações públicas internacionais e outro cara nas relações públicas da China.

Ele pareceu surpreso. Eu sabia que eles já estavam trabalhando com uma grande agência de publicidade na China.

– Então, uma coisa em que eu venho pensando – ele prosseguiu – é que vocês se vangloriam muito dos seus dados. Você deve saber que já passamos por isso antes, com outro concorrente na Alemanha. Eles estavam forjando os dados... Acabaram sendo expostos, e foi um vexame.

Fiquei surpreso de ele pensar que poderíamos estar forjando nossos dados. E isso mostrava que ele ainda não acreditava que estivéssemos alcançando o eBay.

– Posso afirmar que nossos dados são 100% precisos – declarei. – Levamos isso muito a sério. Estamos nos preparando para abrir o capital um dia e seguimos normas muito rigorosas.

– Então o que vocês fazem com os produtos falsificados vendidos no site? – ele quis saber.

Aquele tom de voz parecia sugerir que, em sua opinião, não estávamos fazendo o suficiente. E, verdade seja dita, provavelmente não estávamos mesmo. Embora seguíssemos os padrões americanos de notificação e retirada do mercado de produtos falsificados, realizar operações na China implicava combater um número muito maior de falsificadores, de modo que era bem fácil encontrar produtos falsificados anunciados por pequenos comerciantes no Taobao. Sempre defendi que devíamos fazer mais do que simplesmente atender aos padrões legais. Eu achava que devíamos ser os primeiros a lançar novas soluções.

– Temos a mesma política que o eBay – respondi. – Se somos notificados da presença de artigos falsificados no site, retiramos o anúncio.

Henry concordou com um gesto de cabeça e um olhar inexpressivo. No fundo eu sabia que éramos vulneráveis àquele problema, especialmente por sermos uma empresa chinesa. No final da refeição, ele fez uma última sondagem.

– Sabe, notamos certo tom nacionalista no discurso de vocês. E essa é a única coisa que não achamos justa. Nenhum dos dois lados deveria se beneficiar da questão do nacionalismo.

Será que ele podia estar mesmo tão equivocado sobre nossa postura de relações públicas?, eu me perguntei. Não estávamos afirmando que venceríamos porque as empresas americanas não mereciam vencer. Nosso argumento era que, devido à sua arrogância de impor o modelo americano ao mercado chinês, chegando até a despachar gestores internacionais da Coreia e da Alemanha para liderar as operações na China, o eBay não estava em condições de criar um produto que realmente se adequasse ao mercado local. Contei a história de como Jack tinha interrompido Toto sem hesitar quando este fez um comentário nacionalista inapropriado.

– Ah, é um alívio saber disso – Henry disse. – Vamos combinar em não tirar proveito da questão do nacionalismo.

– Por que não criamos uma linha direta? Assim, caso a coisa esquente, podemos manter contato e acalmar os ânimos – sugeri.

– Legal, gostei da ideia – ele disse. – Vamos manter contato.

Apertamos as mãos, e cada um foi para o seu lado. Tinha sido uma conversa cordial, mas não isenta de algumas farpas. Fiquei curioso para ver aonde aquilo nos levaria.

Algumas semanas depois, tivemos uma noção do rumo da situação quando vários anúncios contra o Japão, fazendo referência à participação do Softbank no Alibaba, começaram a aparecer no eBay China, no Taobao e em outros murais digitais. Desconfiamos que havia o dedo do eBay nessa propagação de protestos. Essas postagens coincidiam com protestos realizados por toda a China envolvendo um incidente diplomático recente entre a China e o Japão. Os protestos contra o Japão, embora no início tivessem sido discretamente incentivados pelo governo chinês, haviam saído de controle. E, quando os chineses foram às ruas, o governo começou a reprimir as manifestações. No entanto, essa turbulência representava um risco para o Taobao: se o site acabasse rotulado como uma empresa japonesa, os internautas chineses talvez resolvessem nos abandonar.

Mais ou menos na mesma época, Henry ativou nossa linha direta com um e-mail severo, indagando a respeito dos rumores que estavam circulando na China segundo os quais Meg passaria seis meses em Xangai para comandar o eBay China e substituir a equipe de liderança chinesa por americanos. Sugerindo que o Alibaba estava por trás do boato, ele advertiu: "Dado o investimento majoritário de uma empresa japonesa no Alibaba, acho que seria melhor evitarmos entrar pelo caminho do nacionalismo".

Nós também tínhamos lido que Meg viria para a China, mas, depois de uma investigação interna no Alibaba, estávamos convencidos de que o boato não tinha se originado na nossa equipe. Escrevi de volta, tentando acalmar Henry:

> Henry,
>
> Obrigado pelo e-mail [...]
>
> Em relação aos boatos, os rumores citados abaixo me parecem tão ridículos que não consigo imaginar que algum meio de comunicação chinês ou estrangeiro os levaria a sério [...]

Quanto ao nacionalismo: como eu já disse, é contra nossa política explorar o nacionalismo. Mas há argumentos comerciais bem sólidos para entender por que uma administração chinesa e uma empresa chinesa têm muito a ganhar conhecendo melhor os clientes de um site em chinês. Nenhuma pontocom americana tem a liderança na China (embora vocês possam discordar). Isso tem mais a ver com localização do produto e velocidade de entrada no mercado do que com qualquer outra coisa. A necessidade de se reportar aos Estados Unidos costuma atrasar as coisas, como você mesmo mencionou no nosso almoço. Sempre nos atemos a argumentos relacionados aos negócios e evitamos qualquer argumento de baixo nível como "Não usem o eBay porque é um site americano". Nós nunca diríamos uma coisa dessas.

Quanto ao Japão: sei que não mencionei isso durante nosso almoço, mas temos visto muitos anúncios relativos ao Japão no Taobao, inclusive postados no site do eBay China. Temos algumas suspeitas a respeito da origem dessas postagens. Estou certo de que você vai concordar que o "nacionalismo" tem mais a ver com levantar questões políticas ou culturais e explorar os sentimentos do público contra uma ou outra nação. Posso lhe garantir que nós não faríamos isso.

Se eu fosse uma pessoa dissimulada, eu o encorajaria a insistir na questão do Japão. Como você já deve estar sabendo, o governo chinês proibiu anúncios contra o Japão, boicotes etc., depois das recentes manifestações de protesto na China. Inclusive os sites foram seriamente repreendidos. Não sei ao certo como o governo chinês veria alguma pontocom que favorecesse atos contra o Japão. Nós evitamos esses ventos políticos, porque eles mudam com muita rapidez na China.

Henry, nós dois ainda vamos nos divertir muito competindo no futuro. Não vejo a hora.

Abraço,

Porter

Henry respondeu com um e-mail ainda mais austero, nos advertindo que, enquanto a China recomendava uma contenção dos protestos contra o Japão, "os consumidores chineses ainda podem querer saber mais sobre as origens da empresa de vocês. Sempre tem um jeito de transmitir a mensagem". E ele concluiu se gabando: "Vai ser muito divertido consolidar nossa posição de liderança no mercado. Temos 100 milhões de dólares de empolgação e mais algumas surpresas para vocês. Espero que os investidores de Jack estejam prontos para desembolsar mais dinheiro... de novo! :-)".

Foi uma ameaça bem pouco velada, inclusive batendo no peito para mostrar superioridade. Essa mensagem provocativa merecia uma resposta à altura. Assim, escrevi recomendando dois livros para sua leitura de verão: *Em busca da China moderna* e *Construindo websites para leigos*. Ele nunca respondeu a esse e-mail.

Embora não tivéssemos sido a origem do boato de que Meg passaria seis meses na China, logo ficou claro que havia um quê de verdade na história, já que ela e Henry passavam mais tempo em Xangai, tentando resolver o problema do eBay na China. E, se Meg e Henry estavam trazendo a batalha para nosso território em Xangai, só tínhamos uma escolha: levar a luta para o território do eBay em San Jose, a cidade natal da empresa. Ao planejar nossa ofensiva, o momento não poderia ter sido melhor. O eBay estava se preparando para realizar sua festa de aniversário de dez anos para todos os clientes e funcionários no evento anual eBay Live!. O Alibaba estaria representado no evento, já que, no início daquele ano, o eBay tinha aprovado um estande para o Alibaba.com na seção de prestadores de serviços do eBay Live!. Com um público esperado de mais de 10 mil membros da comunidade eBay, seria uma grande oportunidade de apresentar os serviços do Alibaba. com aos PowerSellers do eBay e, ao mesmo tempo, pressionar o eBay a melhorar sua oferta de aquisição do Taobao. Para atingir os dois objetivos, precisávamos dar um jeito de criar um burburinho ao redor do Taobao entre os membros do eBay nos Estados Unidos.

A decisão do eBay de autorizar que o Alibaba.com montasse um estande no eBay Live! foi um gesto de boa vontade providencial, e a presença do nosso site no evento faria sentido para as duas empresas. Apesar de o Taobao e o eBay China travarem uma intensa batalha na China, o Alibaba.com e o eBay na verdade tinham negócios bastante complementares nos Estados Unidos. O mercado do Alibaba hospedava dezenas de milhares de atacadistas chineses que vendiam produtos desejados pelos consumidores americanos. De sua parte, os PowerSellers do eBay estavam sempre em busca de novos produtos para oferecer a seus clientes. Teoricamente, a ideia de "comprar no Alibaba e vender no eBay" fazia sentido. Fazer a ponte entre os atacadistas do Alibaba e os PowerSellers do eBay levaria a mais transações nos mercados do eBay, aumentando ainda mais seu faturamento.

Mas, para prejudicar o Alibaba, o eBay estava disposto a sofrer. Aos 45 minutos do segundo tempo, o eBay reverteu sua decisão e informou que o Alibaba não poderia ter um estande no evento. Não satisfeitos, foram ainda mais longe e cederam o espaço do estande ao arqui-inimigo do Alibaba no mercado B2B, a Global Sources, e anunciou que as duas empresas tinham firmado uma parceria, o que imediatamente valorizou em 50% as ações da Global Sources. Com essa empresa como nova parceira, o eBay alegou não ter mais espaço para um estande do Alibaba no evento.

No entanto, retirar o convite que nos fora feito para a festa só serviu para reforçar nossa determinação de marcar presença e chamar a atenção dos clientes do eBay no evento deles. Passamos semanas nos preparando discretamente para a ocasião. Primeiro, reservamos suítes presidenciais em dois hotéis ao lado do Centro de Convenções McEnery, que hospedaria o eBay Live!. Em seguida, encomendamos milhares de enormes sacolas laranja estampadas com o logotipo do Alibaba. E, por fim, compramos anúncios em blogs populares lidos pelos PowerSellers do eBay.

No dia do evento, pegamos o eBay completamente desprevenido. Ao entrarem no centro de convenções, os milhares de usuários do eBay recebiam as chamativas sacolas do Alibaba, formando no local um mar cor de laranja com o logo do Alibaba. Os funcionários do eBay chamaram seguranças para tentar pôr um fim à operação, mas o eBay não pôde fazer nada para conter a onda alaranjada, porque o pessoal do Alibaba tinha tomado o cuidado de distribuir as sacolas fora do perímetro do centro de convenções, em local público. Enquanto isso, informamos os blogueiros que acompanhavam o eBay das táticas agressivas do eBay. Quando a notícia do confronto chegou aos participantes da conferência, o eBay aprendeu a duras penas que o único relacionamento mais forte que o relacionamento entre o eBay e seus clientes era aquele que seus clientes tinham entre si. As tentativas do eBay de impedir a entrada do Alibaba no evento acabaram levando os clientes a se ressentir da postura do eBay de manter todo o seu ecossistema fechado à entrada de participantes de fora. "Para que impedir a entrada de um serviço que só pode beneficiar os clientes do eBay?", clamava o coro de insatisfeitos. Solidários à causa do Alibaba, os participantes do eBay Live! encorajaram uns aos outros a comparecer aos seminários do Alibaba nas suítes do hotel ao lado. Se o eBay tivesse simplesmente permitido nossa participação no evento com um estande, como originalmente planejado, não teríamos reforçado nossas iniciativas de marketing, que também dificilmente teriam tido tanto impacto. Mas, como se viu, o eBay acabou ajudando a promover o Alibaba, ao criar uma minirrevolta em sua própria comunidade.

A frustração do eBay ficou evidente no encontro anual de acionistas da empresa em Santa Clara, a dez minutos dali, pouco tempo depois do eBay Live!. Quando um participante perguntou a Meg Whitman o que ela achava do Alibaba, ela partiu para o ataque, dizendo que o Alibaba tinha um sério problema com produtos falsificados. Essa observação, porém, não só não prejudicou o Alibaba como foi considerada um golpe baixo e hipócrita, levando Ina Steiner, uma proeminente observadora do eBay, a caracterizar o comentário como "irônico, considerando que o eBay também tem o mesmo problema"[1] e já foi até processado pela Tiffany & Company devido aos produtos falsificados anunciados em seu site.

Nossa ofensiva americana tinha valido a pena. Para todos os grupos que mais importavam para o eBay – a imprensa, os analistas, os investidores e os clientes –, Meg Whitman estava perdendo o controle da história. Não só o status do eBay na China estava degringolando, como os danos já estavam começando a atingir a empresa em seu próprio território. Para estancar a hemorragia, o eBay nos chamou de volta à mesa de negociações com uma oferta melhorada de aquisição do Taobao. Mas Jack tinha uma carta na manga que o eBay não havia previsto.

15

Yahoo!

– Porter, vai rolar uma reunião urgente no andar de baixo, e Jack está chamando você – me informou o assistente de Jack, no início do verão de 2005.

– É sobre o quê? – perguntei.

– Ele vai lhe dizer na reunião. Mas ele está chamando todos os gestores seniores. Você precisa descer imediatamente.

Na sala de reunião, encontrei toda a equipe administrativa sênior sentada em torno da mesa. Uma reunião repentina como aquela só podia significar uma de duas coisas: uma excelente notícia ou uma péssima notícia.

Jack entrou na sala, colocou as mãos sobre a mesa e foi direto ao ponto.

– Tenho um grande anúncio, pessoal: vamos comprar o Yahoo! China.

A equipe ficou surpresa. Até chocada. Ninguém tinha imaginado nada parecido. E, se *nós* não tínhamos imaginado, uma coisa era certa: o eBay nem fazia ideia.

Jack explicou como haviam fechado o acordo.

– Algumas semanas atrás, eu estava em uma conferência em Pebble Beach, na Califórnia, e comecei a bater papo com Jerry Yang. Conversamos sobre o que podíamos fazer juntos na China. Eu lhe disse que, se ele quisesse mesmo que o Yahoo! saísse vitorioso na China, devia deixar a gente administrar o negócio. Depois de algumas semanas conversando com eles, concordamos com um acordo preliminar que agora estamos fechando. O Yahoo! vai investir 1 bilhão de dólares no Alibaba, e nós vamos assumir as operações do Yahoo! China.

O Yahoo! não era a escolha mais óbvia para um parceiro, mas, quanto mais Jack explicava as justificativas para o acordo, mais sentido fazia. Desde que se tornara a primeira empresa americana de internet a entrar no mercado chinês, em 1999, o Yahoo! tinha tentado, sem muito sucesso, uma série de parcerias. Mas sua entrada na China com tanta antecedência dera uma vantagem ao Yahoo!: seus executivos hviam aprendido com seis anos de erros. A maior dessas lições era que não podiam simplesmente aplicar o modelo americano ao mercado chinês. Eles logo descobriram que o simples fato de traduzir o conteúdo internacional para o mercado chinês não satisfazia as necessidades dos consumidores locais, e o crescimento do Yahoo! não estava conseguindo acompanhar o dos rivais chineses que tinham desenvolvido recursos e conteúdos mais adequados ao mercado local.

Em 2003, o Yahoo! tentou corrigir o problema adquirindo a empresa líder em ferramentas de busca da China, a 3721, liderada pelo exuberante empreendedor Zhou Hongyi. O maior impulsionador do crescimento da 3721 tinha sido o controverso antivírus criado por Zhou e que, uma vez baixado, instalava uma barra de ferramentas de busca no computador dos usuários que os levava automaticamente à busca da 3721. Para os especialistas do setor, o 3721 era considerado um "aplicativo *hooligan*", já que muitas vezes se instalava sem o conhecimento do usuário e era muito difícil de desinstalar. Mesmo assim, as táticas agressivas de Zhou estavam dando certo. O 3721 rapidamente se tornou a segunda maior ferramenta de busca da China, e, em 2003, o

Yahoo! o comprou, mantendo Zhou na liderança do Yahoo! China. Com o tempo, contudo, houve um desacordo entre Zhou Hongyi e a administração do Yahoo! nos Estados Unidos, e o Yahoo! começou a buscar alternativas para atuar na China.

Nisso, o Yahoo! analisou o exemplo do Yahoo! Japão, que tinha firmado uma parceria com o principal investidor do Alibaba, o Softbank. O Japão era o único mercado no qual o Yahoo! não controlava efetivamente os negócios no país. Em vez disso, a empresa tinha uma participação minoritária e deixava o Softbank administrar por meio de um acordo de licenciamento. A decisão da empresa de colocar um parceiro local no controle do Yahoo! Japão tinha permitido o sucesso desse último, com a geração de um conteúdo customizado que se adequava melhor às condições específicas do país, levando-o a conquistar uma robusta posição de liderança no mercado.

O Yahoo! Japão também se destacava por ser a única empresa a vencer o eBay em um grande mercado. O eBay tinha entrado no mercado depois do Yahoo! Japão, retirando-se do mercado japonês em 2002. Assim, do ponto de vista do Yahoo!, o acordo fechado conosco lhes dava a possibilidade de resolver seu problema de gestão na China e conquistar um sólido posicionamento no crescente mercado chinês de e-commerce, apostando em uma equipe que tinha uma chance de vencer o eBay na China, da mesma maneira que o Softbank ajudara o Yahoo! Japão a vencer no mercado japonês de leilões.

Do ponto de vista do Alibaba, as vantagens não eram tão claras. No papel, parecia fazer mais sentido firmar uma parceria com o eBay, que tinha modelos de mercado que claramente complementavam os nossos. Incluir o Taobao no portfólio global do eBay deixaria o mercado chinês aconchegado no abraço global do eBay, ficando apenas o Japão de fora de sua rede mundial. E as empresas B2B do Alibaba seriam a última peça do quebra-cabeça, conectando fabricantes, empresas comerciais e atacadistas do mundo todo aos PowerSellers do eBay.

Por outro lado, a parceria do Alibaba com uma importante ferramenta de busca criaria um modelo de negócio completamente novo que combinaria mercados e uma ferramenta de busca sob o mesmo teto. Se pensássemos em empresas americanas, seria como reunir o eBay, o PayPal, o Yahoo! e o Google em uma única entidade. Uma parceria com o Yahoo! nos protegeria da invasão dos anúncios em ferramentas de busca, algo que poderia vir a drenar a receita proveniente de anúncios do Alibaba e do Taobao à medida que os usuários da internet ganhassem experiência e abandonassem nossas plataformas para criar os próprios sites, que então promoveriam nas ferramentas de busca. Já estávamos perdendo parte da receita de publicidade de nossos clientes para o Google e para o Baidu, a maior ferramenta de busca da China. E sabíamos, pelo que acontecera em nossa reunião com os fundadores do Google, que eles podiam estar se preparando para uma entrada agressiva na China. Por que competir com ferramentas de busca, Jack raciocinou, quando podemos ter a nossa própria ferramenta de busca?

A decisão resultou do desejo de Jack de encarar desafios cada vez maiores. Nove de cada dez empreendedores teriam firmado uma parceria com o eBay, como fez o fundador da EachNet, Shao Yibo. Mas, para Jack, fazer uma parceria com o eBay pareceria quase simples demais, previsível demais. Por outro lado, comprar uma ferramenta de busca e entrar na área de crescimento mais em alta da internet? Ninguém esperaria uma manobra como essa.

E o Yahoo! ainda nos daria um parceiro que falava nossa língua... literalmente. Apesar de Jack simpatizar pessoalmente com Meg Whitman, ele achava que ela só queria comprar o mercado chinês, e não construir algo que realmente beneficiasse os empresários chineses no longo prazo. Já o cofundador do Yahoo!, o taiwanês-americano Jerry Yang, tinha uma excelente relação de trabalho com Jack. Falando a mesma língua e com raízes culturais em comum, os dois se entrosaram já no primeiro encontro, em 1997, quando Jack ainda trabalhava para o governo em Pequim. Jack tinha sido encarregado de apresentar a região a Jerry, e os dois visitaram juntos a Grande Muralha. De acordo com Jack, Jerry tinha até sugerido que Jack entrasse no Yahoo! para encabeçar as operações da empresa na China.

As raízes taiwanesas de Jerry também ajudaram a abrir as portas do governo chinês. Sua familiaridade com a cultura e a língua tranquilizava o governo de que o Yahoo! seria um parceiro mais flexível do que as empresas ocidentais em geral. Uma empresa de Taiwan não era tão politicamente correta quanto uma da China continental, mas pelo menos parecia menos estrangeira. Jerry fora uma inspiração para muitos empreendedores chineses e, apesar das dificuldades de sua empresa, ele ainda tinha a aura de ter sido o primeiro sino-americano a ter sucesso na internet.

Mas o que levou ao acordo foi uma razão acima de todas as outras.

– Para nós, o grande apelo do acordo foi a ferramenta de busca – Jack explicou. – Seremos a única empresa do mundo a combinar mercados B2B, mercados de consumo, pagamento e ferramenta de busca em uma única empresa.

Se a estrutura do acordo já era ambiciosa, sua escala era assombrosa. Conforme os termos preliminares, o Yahoo! investiria 1 bilhão de dólares no Alibaba Group, que ficaria no comando das operações do Yahoo! China. Em troca, o Yahoo! receberia uma participação de 40% do Alibaba Group, o que deixaria o Alibaba valendo um pouco mais de 4 bilhões de dólares. Seria um dos maiores negócios da história da internet e colocaria o Alibaba no centro das atenções do mundo todo.

– A propósito, suas ações agora valem 6,50 dólares cada – Jack nos informou na reunião. Todas as pessoas na sala tiveram dificuldade de respirar por um momento. O valor era quatro vezes mais do que esperávamos. – E todo mundo da empresa terá a chance de vender 25% de suas ações a esse preço, se fecharmos o acordo. Isso significa que não teremos um IPO por enquanto, mas pelo menos todo mundo vai ter um gostinho dos frutos de todo o nosso trabalho.

Era empolgante pensar que finalmente teríamos a chance de conferir o valor da nossa dedicação e que as opções de ações que tínhamos no papel poderiam realmente valer alguma coisa. Foi astuto da parte de Jack e de Joe Tsai nos permitir vender só 25% de nossas opções, já que isso possibilitaria à equipe experimentar os ganhos potenciais, ao mesmo tempo que deixava incentivo suficiente para as pessoas permanecerem na empresa com vistas a ganhos futuros. Para mim, aquilo também era um marco pessoal. Cinco anos depois de eu ter sonhado em me tornar milionário, isso finalmente poderia acontecer. Em vez de minha riqueza ser decorrente de um IPO há tanto tempo planejado, ela veio quando eu menos esperava. Respirei fundo e pensei em como aquilo mudaria minha vida.

– Temos muito trabalho a fazer antes de anunciar o acordo, e os termos ainda estão sendo negociados – Jack prosseguiu. – O pessoal de recursos humanos vai ter muitos preparativos pela frente para incluir o Yahoo! China na família Alibaba. E o pessoal das relações públicas também vai ficar bastante ocupado. Porter, quando fecharmos o acordo, precisamos que você vá à sede do Yahoo! para nos ajudar a pensar em como anunciar a novidade.

Algumas semanas depois, eu descia a University Avenue em Palo Alto, na Califórnia, passando por uma via ladeada de palmeiras e pelos arcos espanhóis da minha faculdade. Eu me formei em Stanford na turma de 1992 e saíra da faculdade para dar de cara com um mundo em recessão. Nunca tinha usado a internet (poucas pessoas tinham, já que o uso comercial da internet naquela época só existia há mais ou menos um ano) e não sabia ao certo aonde minha carreira poderia me levar. A turma que se formou logo depois de mim gerou o primeiro lote de milionários da internet, que deram a sorte de encontrar emprego em empresas recém-fundadas como o Yahoo! e a Excite. Mas, quando a internet realmente começou a decolar nos Estados Unidos, eu já estava na China. E lá estava eu, de volta a Palo Alto, dez anos depois de Jerry Yang e David Filo terem registrado o domínio Yahoo.com para a nova ferramenta de busca deles. Aquele retorno às minhas raízes ficara ainda melhor com a ideia de que o Alibaba estaria unindo forças com o Yahoo!, o avô de tudo aquilo.

Reuni-me em um jantar com Jack, Joe e o restante da equipe de negociação. Eles vinham trabalhando dia e noite no acordo, e logo fiquei sabendo que, apesar de terem chegado a um consenso em relação aos termos gerais (em princípio), os detalhes eram uma questão completamente diferente. Joe e os advogados já tinham passado por várias rodadas complicadas com o Yahoo! e não conseguiam se entender em relação a alguns pontos. Um desses pontos era a delicada questão de como anunciar o acordo para garantir sua aceitação pelo governo chinês.

O objetivo do Yahoo! era criar a percepção de que *eles* estavam adquirindo o Alibaba. Com um valor de mercado de aproximadamente 40 bilhões de dólares, o Yahoo! queria que seus investidores vissem a manobra como uma agressiva expansão na China, e não que o Yahoo! estava abrindo mão do mercado chinês e entregando suas operações para uma empresa local. Os executivos do Yahoo! pareciam acreditar que essa segunda opção aparentaria fraqueza.

O problema é que nosso objetivo era exatamente o contrário. Achávamos que posicionar o acordo como se o Yahoo! estivesse adquirindo o Alibaba não só era impreciso como colocava em risco o futuro do Alibaba na China, ao criar a percepção de que o Alibaba passaria a ser totalmente controlado pelo Yahoo!, uma empresa americana. Isso nos colocaria em desvantagem com o governo local e com nossos parceiros em todas as frentes – por exemplo, a obtenção de licenças para abrir novos escritórios e centros de pesquisa e desenvolvimento. E também faria que Jack, um líder empresarial reconhecido por seus próprios méritos, parecesse um mero fantoche do Yahoo! na China. Para manter a credibilidade de Jack como líder empresarial chinês, seria necessário deixar claro que continuaríamos no comando.

– Porter, a maneira como decidirmos anunciar isso será crucial. Amanhã, quando entrarmos lá para discutir o anúncio, você precisa ser duro! – Jack me instruiu.

As negociações ficaram mais urgentes no dia 7 de agosto, quando a manchete na Forbes.com anunciou: "Yahoo! negocia um investimento recorde na China". A história havia vazado, e todos os detalhes do acordo tinham sido revelados. Imediatamente recebi um telefonema de Mylene Mangalindan, correspondente do *Wall Street Journal* na região da baía de São Francisco, que estava cobrindo a batalha do Alibaba com o eBay.

– Oi, Porter, fiquei sabendo dos rumores. Onde você está?

– Ah, estou nos Estados Unidos em uma viagem pessoal – respondi.

Senti que ela não acreditou em mim.

– Então, tem um quê de verdade nessa história, Porter?

Como nunca tive um treinamento formal em relações públicas, e muito menos lidei com um acordo desse porte, hesitei. Acabei repetindo o comentário corporativo que Christine Castro, diretora de comunicações do Yahoo!, tinha me orientado a fazer nessas situações:

– Não comentamos rumores e especulações.

– Ah, o que é isso, Porter, todo mundo comenta. Eu só quero saber se tem um quê de verdade nessa história.

Eu me fechei e repeti minha fala corporativa:

– Sinto muito, não comentamos rumores e especulações.

Frustrada, Mylene concluiu a ligação dizendo:

– Tudo bem, me ligue se mudar de ideia.

Eu não sabia quem tinha vazado a história, mas suspeitei que pudesse ter sido um de nossos investidores, já que revelar nossas negociações ao público colocaria ainda mais pressão sobre o Yahoo!. Logo ficamos sabendo que a revelação tinha deixado a equipe do Yahoo! China em polvorosa. A ideia de o Yahoo! China ser vendido ao Alibaba representaria uma enorme perda de prestígio para Zhou Hongyi.

Os rumores também instigaram o eBay a agir. Provavelmente, o eBay achava até então que era o único pretendente ao Alibaba e que, por isso, seus executivos não precisavam se apressar para fechar qualquer acordo. Joe Tsai imediatamente recebeu um telefonema do diretor de desenvolvimento corporativo do eBay, que esperava voltar a negociar os termos de uma possível parceria. E a equipe do Softbank nos informou que Meg Whitman estava tentando desesperadamente entrar em contato com Masayoshi Son, o CEO do Softbank, mas ele estava ignorando as ligações.

No dia seguinte, fui ao escritório do Yahoo! no Vale do Silício, a fim de participar das negociações da parceria e coordenar o anúncio com a equipe de relações públicas do Yahoo!. O diretor de operações do Yahoo!, Dan Rosensweig, conduziu as negociações naquele dia. Alto e ruidoso, tinha uma personalidade dominante.

– Já teríamos conquistado a liderança na China se não fosse o seu governo nos bloqueando todos esses anos! – ele brincou com Jack.

Enquanto trabalhávamos no comunicado à imprensa, Jack me chamou para fora da sala de reuniões a fim de falar sobre a estratégia da negociação.

– Em poucos minutos, Jerry Yang vai ligar para falar sobre nosso posicionamento no acordo. Quero que você deixe bem claro que o que queremos anunciar é: "O Alibaba está adquirindo o Yahoo! China", e não o contrário – ele instruiu. – Não se preocupe comigo; vou ficar quieto, só ouvindo. Entro em ação se achar necessário.

Tendo combinado nossa estratégia de um fazer o papel do malvado e o outro o papel do bonzinho, entrei na conferência telefônica. Acabamos decidindo anunciar o acordo como uma parceria e uma combinação do Yahoo! China com o Alibaba. Elaboramos um comunicado à imprensa vago o suficiente para que cada lado do acordo pudesse dizer o que quisesse ao falar com os respectivos investidores. Mas sabíamos que isso também levaria a uma corrida entre o Alibaba e o Yahoo! para divulgar sua própria versão dos acontecimentos.

Concluído o comunicado à imprensa, um dos últimos obstáculos ao acordo tinha sido removido. No dia seguinte, durante o almoço, Joe pediu que Jack assinasse as páginas finais do contrato, de modo que elas depois pudessem ser anexadas ao contrato completo assim que os detalhes finais fossem resolvidos. Jack assinou tudo, e nos pusemos a falar sobre a melhor maneira de fazer o anúncio quando voltássemos à China.

– É melhor você ir direto para Pequim – Jack sugeriu. – Vamos fazer o anúncio lá. Vai ser um anúncio de manchete.

Naquela mesma noite, recebi um telefonema de Joe enquanto estava fazendo as malas.

– Porter, sinto dizer, mas parece que o acordo foi cancelado. O Yahoo! incluiu uma exigência de última hora no contrato. Estão insistindo em chamar a nova empresa combinada de "Alibaba-Yahoo!". Isso nos causaria grandes problemas na China. E não só isso; acho que não dá para fazer negócios com um parceiro que tenta encaixar uma exigência desse nível no último minuto.

Pelo jeito, o pessoal do Yahoo! achou que acabaríamos cedendo às exigências deles na última hora.

– Eu estava planejando voltar à China amanhã para o anúncio – eu disse. – Será que é melhor eu ir mesmo assim e dizer à equipe de relações públicas do Yahoo! que vocês me mandaram voltar porque o acordo foi cancelado?

– É, boa ideia – Joe respondeu. – Nos vemos na China.

Um pouco depois, recebi uma ligação de Chris Castro, diretora de comunicações corporativas do Yahoo!. Chris perguntou:

– Porter, quando a gente pode se encontrar amanhã para repassar o novo esboço do comunicado à imprensa?

– Ah, o Jack e o Joe me disseram que o acordo foi cancelado. Você não está sabendo? – perguntei. – Estou voltando para a China amanhã de manhã.

Chris pareceu surpresa e preocupada.

– Não, na verdade, não estou sabendo de nada. Tem certeza?

– Tenho. Volto para a China amanhã. Que pena que o acordo não vingou. Teria sido legal trabalhar com você.

No dia seguinte, embarquei no avião e me acomodei para o longo voo até Xangai. Eu admirava Jack e Joe por enfrentarem o Yahoo!, mantendo-se fiéis a seus valores. Eu provavelmente não teria tido a mesma convicção para recusar uma oferta de 1 bilhão de dólares. Mas também lamentei um pouco. O acordo com o Yahoo! teria nos colocado no centro das atenções do mundo e garantido que o Alibaba tivesse caixa suficiente para enfrentar o ataque de 100 milhões de dólares do eBay.

Desembarquei em Xangai, peguei minhas malas e tomei um táxi. Ao ser recebido pelo céu cinzento pairando sobre a paisagem rural, cenário que já me era tão conhecido, soube que estava de volta à rotina de sempre.

Liguei meu celular, que tocou quase imediatamente. Era Jack.

– Oi, Jack, tudo bem? Acabei de desembarcar em Xangai.

A voz de Jack tinha um tom empolgado e urgente.

– Pegue o próximo voo que puder para Pequim. O Yahoo! desistiu daquela última exigência. O acordo continua de pé! Vamos fazer o anúncio depois de amanhã.

16

As notícias do acordo correm o mundo

Jornalistas andavam de um lado para o outro no saguão do China World Hotel de Pequim, na esperança de pegar algum executivo desgarrado do Alibaba ou do Yahoo! e arrancar mais alguma informação antecipada. O acordo ainda não tinha sido anunciado oficialmente, mas isso não impediu a enxurrada de vazamentos que deixaram os jornalistas, tanto chineses como estrangeiros, em frenesi. A portas fechadas, em uma sala de conferência sem identificação, reunimos uma equipe de mais ou menos 12 executivos do Alibaba e do Yahoo! para trabalhar na logística do anúncio. Com toda aquela comoção do lado de fora, não era mais possível fingir que a reunião era secreta, o que pelo menos amenizou o clima na sala.

– Que loucura! – comentou Dan Rosensweig, diretor de operações do Yahoo!. – Parece um circo lá fora. A gente nem precisa anunciar mais nada!

Era a primeira vez que nos reuníamos com nossos colegas do Yahoo! na Ásia, de modo que reservamos um tempo para apresentar as duas equipes. Rose Tsou era a talentosa diretora administrativa do Yahoo! Taiwan, dona de um senso de humor sarcástico e de uma abordagem prática, focada em resultados. Allan Kwan era o simpático e inteligente diretor regional de operações do Yahoo! em Hong Kong. E Lu Qi, diretor global de tecnologia de buscas do Yahoo!, seria nosso principal parceiro no desenvolvimento e no aprimoramento da ferramenta de buscas do Yahoo! China. Parecia que tínhamos uma boa linguagem em comum, o que serviria de base para uma boa parceria.

Mas não dava para ignorar a ausência do presidente do Yahoo! China na reunião, Zhou Hongyi. Apesar de Jack e Zhou terem sido amigos no passado, algumas pessoas se preocupavam com a reação de Zhou ao acordo.

– Nosso relacionamento com a equipe do Yahoo! China piorou tanto que Zhou Hongyi parou de contratar gerentes que falam inglês – me disse um integrante da equipe de relações públicas do Yahoo! na Califórnia. – Hoje em dia, é raro ele aceitar falar com a gente.

Porém, integrar o Yahoo! China às nossas operações seria a chave para uma parceria de sucesso. Para facilitar o processo, o Yahoo! EUA tinha enviado a Pequim um especialista em relações humanas, que parecia particularmente preocupado com o desafio de integrar as duas equipes. Concordamos que a primeira ação de Jack, imediatamente após a entrevista coletiva, seria conversar com os gestores do Yahoo! China.

Finalmente chegou a hora. No dia 11 de agosto, entramos na grande sala de conferência e deparamos com o local repleto de representantes da imprensa do mundo todo. A sala estava apinhada de jornalistas, ocupando todos os assentos e de pé ao longo das paredes, esperando para registrar aquele marco histórico da internet chinesa. Ficou claro que o evento era mais que um mero anúncio. Era o baile de debutantes do Alibaba.

Dan Rosensweig subiu ao palco e se sentou com Jack e vários executivos do Alibaba.

– Isso que vocês veem é o Yahoo! ficando muito maior na China. E, para nós, este acordo é uma chance de crescermos muito mais, muito mais rápido, e trabalhar com uma equipe de gestão espetacular – disse Dan.

Quando Jack se levantou e apresentou a visão para a nova parceria, ele não pôde deixar de lançar uma farpa para o lado do eBay, dizendo:

– Obrigado, Meg Whitman. Obrigado por tornar tudo isto possível.

Para marcar o momento, ouviu-se um grande estouro, e uma chuva de confetes caiu flutuando pelo ar e pousando nos ombros de Dan e Jack. Eles abriram um grande sorriso para os flashes das câmeras, que registraram o momento a ser estampado nos jornais do mundo todo.

Depois da entrevista coletiva, fui cercado de jornalistas estrangeiros. Eu tinha passado anos cortejando todos eles, e agora eram eles que estavam atrás de nós. Com microfones e gravadores enfiados no meu rosto, pude sentir que o Alibaba havia alcançado um patamar totalmente novo. Sabendo que meus comentários seriam lidos no Vale do Silício, aproveitei a oportunidade para dar uma cutucada nos meus amigos do eBay:

– Acho que esse é o golpe que vai derrubar o eBay na China. O eBay vai ter muita dificuldade para vencer na Ásia. O acordo vai revolucionar o cenário dos leilões eletrônicos na Ásia.

A resposta do eBay foi imediata:

– Para a gente, isso não muda nada – declarou à Associated Press o porta-voz do eBay, Hani Durzy.

– Vamos manter nossa posição de liderança na China – afirmou ao *New York Times* Liu Wei, representante do eBay China.

Mas, apesar da fachada de confiança, sabíamos que o eBay devia estar apreensivo.

Naquele mesmo dia, à tarde, foi a vez de Jack se dirigir aos gestores seniores do Yahoo! China. Do nosso ponto de vista, aquele era um momento empolgante, como acolher novos membros em uma família. É bem verdade que enfrentaríamos alguns momentos de constrangimento. Mas um dos maiores ativos de Jack era sua capacidade de unir pessoas. Foi justamente por isso que me surpreendi quando Brian

Wong contou que a reunião, da qual também participara, não tinha ido muito bem.

– Foi muito estranho – Brian disse. – Zhou Hongyi estava lá e parecia muito perturbado. Só para ser educado, Jack o chamou para subir ao palco e falar com a equipe. A mensagem de Zhou para eles foi: "Vou sair do Yahoo! para abrir uma nova empresa. Quem tiver interesse em trabalhar comigo vai ser muito bem-vindo". Parece que ele ficou muito amargurado com o acordo.

O convite de Zhou Hongyi aos funcionários do Yahoo! China para abandonarem o barco foi o primeiro sinal concreto de que talvez tivéssemos feito um mau negócio. Mesmo com as robustas habilidades de liderança de Jack, percebemos que integrar a equipe descontente do Yahoo! China seria mais difícil do que havíamos pensado.

Nas semanas seguintes, ficou claro que o acordo com o Yahoo! havia marcado não só o baile de debutantes global do Alibaba como também a perda da nossa inocência. Tínhamos passado seis anos como os azarões, os queridinhos da imprensa e dos observadores do setor que gostavam da ideia de uma empresa liderada por um professor de inglês enfrentando gigantes. Mas agora, com um investimento de 1 bilhão de dólares e um importante parceiro global, havia dinheiro de verdade na jogada. Estávamos em outro nível, e, como consequência, a escala dos ataques contra nós também aumentaria.

O primeiro sinal foi um telefonema que recebi de um jornalista da revista *Hollywood Reporter*, um dia depois do anúncio do acordo com o Yahoo!.

– Acabei de receber um fax estranho e queria saber a sua opinião – ele disse. – O fax inclui um depoimento que a Coalizão Internacional Antifalsificação fez ao Congresso americano no início deste ano. Eles estão dizendo que o Alibaba é o maior centro de comércio de produtos falsificados do mundo.

Imediatamente suspeitei que o eBay estava por trás do fax, pensando na linha de ataques que Meg tinha usado recentemente no encontro anual de acionistas do eBay. O eBay poderia muito bem ser alvo da mesma acusação, mas parece que estavam incorporando à sua narrativa a mensagem de que o Alibaba era um centro de produtos falsificados. Por ser uma empresa chinesa, o Alibaba era um alvo fácil para o eBay e seus aliados políticos em Washington, e aquela era uma maneira fácil de desviar para nós as críticas de falsificações direcionadas a eles mesmos.

– Interessante. Quem mandou o fax? – perguntei.

– Não sei. Foi enviado anonimamente. Sem detalhes de contato. Mas ouvi dizer que muitos outros jornalistas também receberam.

Alguém estava tentando nos difamar. Será que, se o eBay não podia nos comprar, faria tudo a seu alcance para prejudicar nossa parceria com o Yahoo!? Quando Henry Gomez me disse que "sempre tem um jeito de divulgar a informação", será que era isso que tinha em mente? Eu não podia ter 100% de certeza de que o eBay estava por trás do fax, mas sabia que a situação poderia ficar bem feia e bem rápido. Então, disse ao repórter:

– Bem, nós temos exatamente a mesma política que o eBay, com base na mesma norma jurídica. Se somos notificados pelo proprietário de uma marca de que um de nossos vendedores infringiu a propriedade intelectual dele, investigamos e removemos o anúncio quando for o caso.

A resposta pareceu satisfazer o *Hollywood Reporter*, mas levei a manhã inteira para resolver a crise e estava atrasado para nosso encontro geral de funcionários, a ser realizado no Grande Salão do Povo, em Hangzhou. Quando finalmente cheguei, milhares de funcionários sorridentes e animados do Alibaba, usando camisa branca estampada com o logo do Alibaba e do Yahoo!, estavam saindo do local. Evidentemente, a notícia tinha sido muito mais bem recebida pela equipe do Alibaba do que pelos colegas do Yahoo! em Pequim.

Enquanto as pessoas esvaziavam o auditório, vi Dan Rosensweig ao lado do palco.

– Então, o que você achou da equipe do Alibaba? – perguntei, esperando que ele fosse tão efusivo quanto eu estava me sentindo.

– É uma equipe bem jovem – ele comentou. – Vamos precisar dar muito treinamento e trazer alguns especialistas dos Estados Unidos.

Fiquei um pouco ofendido e me lembrei da reação de nossos próprios expatriados em Hong Kong quando viram a equipe do Alibaba pela primeira vez. Foi um bom lembrete das razões pelas quais fizemos de tudo para manter o controle gerencial no nosso acordo, a fim de evitar a interferência excessiva da equipe do Yahoo! EUA. Mas fiquei calado.

Naquele momento, Jack se aproximou.

– Ei, Jack, bom trabalho hoje – Dan disse. – Se essa parceria der certo, quem sabe um dia a gente não vai em frente e compra o restante do Alibaba?

Jack riu.

– Bom, acho que um dia, se vocês fizerem tudo certinho, talvez o Alibaba compre o Yahoo!.

Olhei para Jack e percebi que ele estava falando sério, apesar do tom jocoso.

– Ah! Acho que não – Dan respondeu. Ficou claro que ele achou a ostentação de Jack divertida, porém absurda. – Da última vez que chequei, o Yahoo! valia 40 bilhões de dólares e o Alibaba, 4 bilhões. Ainda falta muito para vocês chegarem lá.

Anunciado o acordo, era hora de voltar nossa atenção para o próximo grande frenesi da imprensa: o encontro anual do Alibaba no Lago do Oeste. Jack tinha realizado o primeiro evento em 2001, nas profundezas do inverno da internet, quando reuniu os CEOs das cinco principais pontocom da China. Com o tempo, o encontro passou a ser considerado uma espécie de Davos da indústria da internet chinesa, e o evento daquele ano teria um palestrante de abertura muito especial: Bill Clinton, ex-presidente dos Estados Unidos.

Quem nos apresentara a Bill Clinton fora Marcy Simon, dona de uma pequena empresa de relações públicas que tinha a Clinton Foundation como cliente. Marcy havia me procurado em uma conferência à qual eu tinha comparecido com Jack. Ela já vira Jack falar algumas vezes, se tornara fã e queria saber se tínhamos interesse em trabalhar com ela. Considerando sua experiência – ela também havia trabalhado para Bill Gates –, Marcy certamente parecia alguém que poderia nos ajudar em nossas iniciativas de relações públicas nos Estados Unidos, de modo que a contratamos como consultora. Pouco tempo depois de começar a trabalhar nas nossas campanhas de relações públicas, ela nos apresentou à equipe de Bill Clinton.

Receber um ex-presidente dos Estados Unidos para falar em nosso evento era um motivo de grande orgulho para o Alibaba. Clinton era muito popular e um dos poucos ocidentais que podiam defender com credibilidade, perante um público chinês, a necessidade de abrir a internet chinesa. Quando foi anunciado que Bill Clinton faria o discurso de abertura, a blogosfera chinesa reagiu com empolgação.

No entanto, várias semanas antes do evento, o eBay tentou convencer Clinton a cancelar. Quando procurei Joe Tsai para fazer uma pergunta simples, ele respondeu rispidamente:

– Não posso ver isso agora, estou tentando convencer Clinton a falar no nosso evento. O eBay está tentando dissuadi-lo disso.

Fiquei chocado e preocupado. Se Clinton cancelasse, seria um golpe arrasador para a reputação do Alibaba na China e um grande golpe para o prestígio de Jack. O eBay com certeza sabia disso, e, se o ataque deles tivesse sucesso, o Alibaba seria seriamente prejudicado, já que ainda estávamos por fechar o acordo com o Yahoo!.

Essa situação ficou ainda mais clara quando recebi uma apresentação em PowerPoint que o assessor jurídico geral do eBay havia enviado ao assistente de Clinton, Doug Band. A apresentação incluía imagens do site do Alibaba mostrando anúncios de mercadorias ilícitas, como fuzis AK-47, urânio e produtos falsificados. Apesar de a grande maioria dos produtos anunciados no Alibaba ser legítima, era impossível para a empresa remover todos os maus anunciantes. A política do site

– e as leis aplicáveis – afirmava que os membros eram responsáveis pelos anúncios. Um operador de mercado como o Alibaba só podia se responsabilizar por remover anúncios ilegais se fosse informado sobre eles. Mas estava claro que alguns anúncios ilegais tinham conseguido entrar no site. A grande questão era saber como a equipe de Clinton reagiria.

Além de me mostrar esse e-mail do assessor jurídico geral do eBay, Marcy me contou que o fundador do eBay, Pierre Omidiyar, um doador bilionário da fundação de Clinton, tinha ligado para o ex-presidente implorando que ele não comparecesse ao nosso Encontro do Lago do Oeste.

– Na verdade, ele ligou duas vezes – Marcy disse. Eles estavam fazendo uma marcação cerrada.

Achei irônico que, apenas algumas semanas antes, o eBay tivesse tentado desesperadamente investir no Alibaba e agora fazia de tudo para nos difamar. Felizmente o eBay não teve sucesso em sua campanha caluniosa, e Marcy nos informou que Clinton confirmara sua participação no encontro, apesar dos protestos do eBay.

– Expliquei a Clinton que esse alarde todo é só porque o eBay está competindo com o Alibaba – ela me contou.

Algumas semanas depois, o avião de Clinton aterrissou em Hangzhou. A cidade tinha se empenhado para oferecer uma recepção adequada. Quando o comboio entrou no Grand Hyatt, as fontes do Lago do Oeste dançaram ao som de uma orquestra, enquanto turistas chineses lotavam o perímetro do hotel na esperança de ter um vislumbre do ex-presidente americano. O orgulho da cidade ainda se recuperava dos comentários do último presidente americano a visitar Hangzhou – Richard Nixon –, que, pelo que consta, teria comentado: "Lago lindo, cidade feia". As autoridades locais estavam decididas a não deixar que isso se repetisse.

Depois de Clinton entrar pelo saguão do hotel e subir para a suíte presidencial, Jack me abordou com um pedido urgente.

– Porter, nunca pedi para você escrever um discurso para mim. Mas dessa vez acho que vou precisar da sua ajuda. Você pode escrever a parte do discurso em que devo apresentar o Bill Clinton?

– Claro – respondi. Aquele evento de fato *era* diferente. Então fui para meu quarto trabalhar nos comentários iniciais de Jack.

Enquanto eu escrevia o texto, Marcy disse a Jack que ele e Joe tinham sido convidados à suíte de Clinton para um bate-papo e para se conhecerem pessoalmente. Era a véspera do aniversário de Jack, e Marcy o surpreendeu com um bolo de aniversário, que comeram com Clinton. Como Marcy me contou mais tarde, Clinton brincou com Jack comentando sobre o comportamento absurdo do eBay antes do encontro, dizendo com uma risada:

– Rapaz, aquele pessoal do eBay está mesmo furioso com vocês.

Felizmente Clinton e Jack se deram bem e criaram o clima para o que esperávamos fosse um encontro de sucesso.

Pelo menos essa foi nossa esperança até o dia seguinte, quando acordei e encontrei um comunicado à imprensa emitido pelos Repórteres Sem Fronteiras e por organizações de direitos humanos da China: "Clinton é instado a falar sobre o caso Shi Tao no Encontro da internet na China". No comunicado, os Repórteres Sem Fronteiras diziam que o Yahoo! fornecera informações de e-mail de um jornalista ao governo chinês, o que condenara o repórter de Pequim a dez anos de prisão por "vazar segredos de Estado" à imprensa estrangeira. Tudo o que o jornalista, Shi Tao, havia feito fora vazar uma diretriz do Partido Comunista aos jornalistas chineses segundo a qual a imprensa chinesa não deveria noticiar o 15º aniversário do Massacre da Praça da Paz Celestial. Quando Shi Tao enviou o documento a jornalistas estrangeiros, pensou que, ao usar o Yahoo! China em vez de um provedor de e-mail local, conseguiria manter o anonimato. Mas, quando o governo chinês solicitou as informações do usuário, a equipe jurídica do Yahoo! as entregou, expondo Shi Tao como a fonte do vazamento.

De repente ficou óbvio que, com a aquisição do Yahoo! China, tínhamos também adquirido uma bomba-relógio política. A caminho de uma entrevista em uma estação de rádio, informei Jack do problema. Ele ainda não estava sabendo. Quando conversei com Mary Osako, da equipe de comunicações do Yahoo!, ela me disse que o Yahoo! cancelaria a participação de Jerry Yang na entrevista coletiva programada para ocorrer depois do bate-papo de Jerry com Jack no encontro.

– A imprensa estrangeira só vai querer falar do caso Shi Tao – ela me disse.

A conferência começou sem problemas. Tínhamos convencido a estação local de TV de Hangzhou a transmitir ao vivo o discurso de Bill Clinton, uma raridade na China. Quando Clinton subiu ao palco, não fez nenhuma menção ao caso Shi Tao. Pelo contrário, argumentou de modo bem convincente:

– Seja qual for o sistema político de um país, a internet tem o potencial de colocar o poder, por meio da informação e da comunicação, nas mãos do povo. E acho que, no fim das contas, isso é bom em qualquer lugar do mundo.

Em seguida, Jerry e Jack subiram ao palco para o bate-papo. Era a primeira vez que Jack e Jerry, juntos na mesma sala, apresentavam os elementos em comum de sua visão para a parceria. Falaram sobre como haviam se conhecido em Pequim, sobre a viagem à Grande Muralha e, por fim, sobre como tinham voltado a se cruzar em Pebble Beach, no fatídico encontro que culminara na parceria. Uma sessão de perguntas e respostas se seguiu ao bate-papo. Peter Goodman, do *Washington Post*, levantou-se para fazer a última pergunta e abordou a polêmica:

– Senhor Yang, sua empresa foi fundada numa época em que as pontocom se promoviam para consumidores, acionistas e o público não só como proposta de negócios, mas praticamente como uma força de libertação, pela liberdade de informação, pelo fluxo livre de informação, pela liberdade de expressão. Agora, algumas pessoas estão dizendo que sua empresa é, na prática, uma ferramenta do governo chinês e que vocês se transformaram em uma força repressora. O que o senhor acha disso? E o que pode nos dizer sobre o papel da sua empresa no caso Shi Tao?[1]

A sala ficou em silêncio enquanto Jerry Yang refletia sobre a pergunta. Quando finalmente respondeu, forneceu uma longa e confusa explicação:

– Não sabemos o que eles pretendem fazer com as informações, e eles não nos dizem o que estão procurando. Se eles nos apresentam os documentos e as ordens judiciais adequadas, nós lhes passamos informações que satisfazem tanto a nossa privacidade como as leis chinesas. Não gosto do resultado decorrente dessas coisas.[2]

De uma perspectiva de relações públicas, Jerry estava entre a cruz e a espada, ou entre o governo chinês e os políticos americanos. Qualquer comentário vindo dele, por mais habilidoso que fosse, provavelmente acabaria nas manchetes do dia seguinte. Mas aquela resposta confusa deixou a impressão de que nem o cofundador do Yahoo! acreditava que havia motivos para as ações da empresa na China. A meu ver, o Yahoo! poderia ter argumentado que, no fim das contas, as pontocom ocidentais na China estavam ajudando a criar uma sociedade mais aberta no país. Mas, em vez disso, Jerry tentou ficar em cima do muro e, para os críticos ocidentais, deu a impressão de não ter bases morais muito sólidas.

Por sua vez, Jack foi aplaudido pela multidão, em sua maioria composta de chineses, ao declarar:

– Quando uma empresa não tem como mudar a lei, ela segue a lei. Ela respeita o governo local. Não temos interesse na política. Estamos focados no e-commerce.

Aquela resposta também não satisfaria todos os críticos ocidentais. Mas pelo menos era clara e convicta, refletindo as crenças mais profundas de Jack.

Quando o *Washington Post* saiu no dia seguinte, 11 de setembro, a manchete dizia: "Yahoo! diz que entregou à China dados da internet". Nem o Yahoo! nem o Alibaba foram elogiados no artigo, e até Clinton foi arrastado para a controvérsia, com Goodman noticiando: "Clinton não mencionou o caso Shi Tao em seu discurso. Ao sair da sala de conferência, o ex-presidente se recusou a responder a uma pergunta sobre o caso antes de se perder em meio a uma multidão de seguranças chineses e agentes do Serviço Secreto". Mais tarde, Marcy me disse que Clinton tinha sido pego de surpresa com a pergunta e ficara furioso com sua equipe por deixar de instruí-lo corretamente. Mas nem tudo estava perdido.

– Pelo menos o presidente gostou de Jack – Doug Band, assistente de Clinton, me disse depois.

Enquanto trabalhávamos para fechar o acordo com o Yahoo!, o caso Shi Tao continuou pairando sobre nossa cabeça. Até aquele ponto, o Alibaba tinha tido a sorte de operar no domínio politicamente neutro do e-commerce. Mas, ao adquirir o Yahoo! China, estávamos entrando em um território novo, administrando um portal que incluía notícias, informações e serviços de comunicação, tais como bate-papo e e-mail. Aquela foi a primeira polêmica a criar uma divisão entre o Yahoo! e o Alibaba, e eu apostava que não seria a última.

Para mim, o mais preocupante era que eu precisava pensar no papel que eu exerceria em uma empresa que agora tinha um portal que devia se adequar às leis chinesas no que diz respeito a privacidade e censura. Sendo um americano, eu usufruía de um luxo que meus colegas locais não tinham: podia escolher entre trabalhar ou não dentro dos limites das leis chinesas. No começo da minha carreira, eu conduzia workshops de liderança em Washington, D.C., promovendo a democracia para estudantes do ensino médio e os encorajando a se informar sobre os processos democráticos dos Estados Unidos. Se eu decidisse ficar no Alibaba, será que estaria de alguma maneira traindo os valores que havia defendido com tanto fervor?

Porém, não passei muito tempo ruminando a questão, já que podia ver como a internet estava beneficiando a China todos os dias. Em comparação com meus tempos de estudante em Pequim, em 1994, quando inspetores do governo abriam minha correspondência e até um aparelho de fax precisava ser cadastrado no governo, a China havia se tornado uma sociedade muito mais aberta. É bem verdade que não tinha uma democracia representativa ao estilo ocidental, mas as liberdades individuais se expandiam a cada dia. Era só uma questão de tempo, eu pensei, até a internet, como um cavalo de troia, forçar a China a se abrir ainda mais. Além disso, pensei, a adoção generalizada do e-commerce em território chinês tinha uma grande implicação: o governo jamais poderia simplesmente derrubar a internet na China. Se o governo censurasse blogs ou conteúdo de mídia, a população se irritaria. E, se acabasse com o negócio de milhões de lojistas que dependiam da internet para sobreviver, o povo tomaria as ruas.

É bem verdade que os executivos de empresas americanas enfrentavam a mesma escolha moral ao decidir entrar ou não no mercado chinês. Um ano antes, na nossa reunião com os executivos do Google, eu tinha admirado as tentativas de Sergey Brin de encontrar uma maneira de abrir operações na China sem comprometer os valores da empresa. Na época, o Google decidiu que o benefício para os chineses de uma internet mais aberta estava de acordo com seu famoso princípio corporativo: "Não seja mau". Mas os líderes do Google também haviam prometido que, se fossem forçados a fazer concessões demais, iriam se retirar do mercado chinês (justamente o que acabaram fazendo). O Yahoo! jamais se expressara com tanta convicção. Sua mensagem era que a empresa simplesmente queria lucrar com o mercado chinês.

De certo modo, fiquei aliviado com o fato de a notícia ter vindo à tona antes de fecharmos o negócio. Meu maior medo era o Alibaba de alguma forma ser arrastado para o pântano com o Yahoo! e, como empresa chinesa, ser visto como o inimigo. Eu tinha visto uma equipe jovem e idealista sobreviver e prosperar *apesar* das restrições do governo à internet, e não *devido* a essas restrições. Se a mesma coisa acontecesse depois de o negócio ser fechado, o Alibaba seria um alvo fácil. Mas, como se viu, a comunicação desastrada do Yahoo! deixou a empresa americana sozinha na berlinda. Não muito tempo depois da denúncia do caso Shi Tao, o Yahoo! foi chamado para depor no Congresso sobre suas ações na China.

No fim do Encontro do Lago do Oeste, o baile de debutantes do Alibaba-Yahoo! fora eclipsado pelo caso Shi Tao, pelo menos na imprensa ocidental. No entanto, o regime de censura da China impediu a imprensa local de cobrir a polêmica, de modo que o público chinês nunca chegou a saber do caso. Porém, apesar de o público geral e nossos clientes na China não estarem a par da questão, só podíamos presumir que os oficiais do governo chinês estavam de olhos bem abertos. Precisávamos avançar com cuidado para que o governo aprovasse o acordo.

Para esse fim, acompanhei Jack a uma reunião com Wang Guoping, secretário do Partido Comunista de Hangzhou. Eu já tinha falado com Wang algumas vezes antes, e ele sempre me surpreendia ao desafiar o estereótipo do burocrata comunista monótono que só sabe repetir chavões do partido. Gordinho e de óculos, Wang Guoping era franco, engraçado e até ousado. Era uma versão gigante do nosso diretor de operações, Liqi, e lembrava mais os empresários locais de Hangzhou, focados em resultados, do que os burocratas de Pequim. Era considerado o indivíduo que realmente detinha o poder em Hangzhou, mais do que o prefeito impotente, Mao Linsheng, apesar da diferença de cargo entre eles. O secretário Wang era tão capitalista quanto qualquer secretário do Partido Comunista poderia ser, o que beneficiava tanto Hangzhou como o Alibaba.

A reunião foi realizada em um tranquilo aglomerado de casas de chá com vista para a paisagem exuberante do Lago do Oeste. Quando cheguei, Jack e Wang Guoping já estavam tomando chá e conversando, como costuma ser o protocolo para uma reunião como aquela. Ao lado de Jack, em ordem hierárquica, estava a equipe de administração sênior do Alibaba. Ao lado de Wang Guoping, em ordem hierárquica, estavam funcionários do governo local. A cada palavra que Wang dizia, os funcionários tomavam notas, como era o costume.

Nosso principal objetivo na reunião era demonstrar aos líderes do governo a importância e o impacto global do acordo. As empresas buscavam cortejar o governo local na China de muitas maneiras – algumas honestas e outras não – e sempre fizéramos a coisa certa, acreditando que o melhor jeito de conquistar o apoio do governo era demonstrando a capacidade da empresa para atrair negócios, atenção e investimentos para a cidade. Para isso, antes da reunião, Jack tinha me pedido para imprimir todos os artigos publicados pela imprensa ocidental sobre o Encontro do Lago do Oeste. O resultado foi um dossiê de várias centenas de páginas. Como muitas matérias se concentraram na controvérsia do caso Shi Tao, fiz questão de deixá-las no fundo da pilha, na esperança de que Wang não lesse até o fim.

Depois de um rápido bate-papo com Wang Guoping, Jack gesticulou para eu entregar o dossiê e disse:

– Porter, fale ao secretário Wang sobre a cobertura da mídia internacional.

– O acordo saiu em manchetes no mundo todo – eu disse. – Todos os meios de comunicação mais importantes cobriram o evento. Acho que muitas pessoas passaram a considerar Hangzhou o centro do e-commerce na China.

Wang Guoping fez um sinal de aprovação com a cabeça. Nosso Encontro do Lago do Oeste tinha colocado sua cidade sob holofotes mundiais. Naquele momento, Wang fez uma pergunta:

– Mas, diretor Ma, tem uma coisa que até hoje não consegui entender direito: foi o Alibaba que adquiriu o Yahoo! ou o Yahoo! que adquiriu o Alibaba?

Wang Guoping não era o único na China a ter essa dúvida. Depois do nosso anúncio, as manchetes repetiam a pergunta: “Quem adquiriu quem?", levando nossa equipe de relações públicas local a correr para explicar nosso lado da história à imprensa chinesa. Com toda a confusão, ficou claro para mim por que Jack tinha insistido tanto em recusar a exigência do Yahoo! de mudar o nome da nossa empresa para Alibaba-Yahoo!. Isso só teria confundido o mercado e nos prejudicado na China.

Jack respondeu com confiança:

– É o Alibaba que está comprando o Yahoo! China, e teremos o controle gerencial total da empresa. E há mais algumas coisas importantes que preciso lhe dizer. Para começar, a sede do Alibaba continuará aqui, em Hangzhou. Em segundo lugar, incluímos um termo no contrato que estabelece que, aconteça o que acontecer, um membro do conselho de administração do Alibaba terá de ser chinês. E, por fim, o Yahoo! está investindo 1 bilhão de dólares na empresa. Isso vai criar um grande número de empregos aqui em Hangzhou e ajudar na missão de transformar nossa cidade no Vale do Silício chinês.

Wang Guoping assentiu com a cabeça e sorriu enquanto pensava a respeito.

– Bom... bom...

Jack e Wang conversaram descontraidamente mais um pouco, e então o secretário Wang concluiu a reunião com as palavras que esperávamos ouvir, enquanto os assistentes transcreviam seus comentários:

– Quero dizer que o governo de Hangzhou dá todo o apoio a esse "modelo especial de fusão do Alibaba". Parabéns a Jack Ma e ao Alibaba!

Com o apoio do governo local, tínhamos superado um importante obstáculo. Mas sabíamos que desafios ainda maiores nos aguardavam adiante.

17

As guerras de buscas na China

No dia 25 de outubro de 2005, dez tumultuadas semanas depois do anúncio de nosso acordo com o Yahoo!, tornamo-nos o guardião legal de nosso novo bebê: o Yahoo! China. Duas semanas depois, demos uma entrevista coletiva em Pequim para anunciar o relançamento do Yahoo! China à imprensa chinesa. Como já era típico do Alibaba, nossa máquina de marketing tinha lotado a sala com jornalistas curiosos para saber o que iríamos revelar.

Antes da coletiva de imprensa, Jack expôs sua estratégia, exatamente igual à estratégia para nossa batalha com o eBay.

– Quero posicionar isso como uma batalha entre o Yahoo! China e o Baidu – Jack me explicou. – Se conseguíssemos envolver o Baidu, a maior ferramenta de buscas da China, em uma guerra de palavras, poderíamos direcionar o tráfego para a ferramenta de buscas do Yahoo! China.

O Baidu conhecia muito mais o mercado chinês do que o eBay, mas, em muitos aspectos, parecia um adversário mais fácil de derrotar. Fundado por Robin Li, um empreendedor de fala mansa que tinha estudado e trabalhado nos Estados Unidos nos anos 1990, o Baidu se limitava a seguir os passos do Google na China. Sempre que o Google lançava uma nova função, o Baidu rapidamente seguia o exemplo, oferecendo um recurso similar em seu site. A página inicial do Baidu era praticamente idêntica à do Google. O Baidu tinha assumido a liderança no mercado chinês apenas adotando a estratégia do "seguidor rápido": imitava o modelo americano do Google e oferecia esses recursos na China antes do próprio Google. Como concorrente, Robin Li parecia ser melhor na imitação do que na inovação, e achávamos que ele não seria páreo para nossa equipe, mais criativa. Na corrida para conquistar o mercado chinês, o Baidu só estava alguns passos adiante, com 37% de participação no mercado de buscas em comparação com os 32% do Yahoo! China e os 19% do Google. Sem dúvida, conseguiríamos alcançar o Baidu em poucos meses.

Tínhamos muitas razões para estar confiantes. Enfrentando grandes adversidades, conseguíramos sobreviver a uma guerra contra os gigantes americanos do B2B, e o Alibaba havia saído da batalha na posição de maior mercado B2B do mundo. E, apesar de todo o ceticismo dos observadores de fora (e às vezes de nosso próprio pessoal), o Taobao estava vencendo a batalha contra o eBay na China. Eu já tinha aprendido a suspender todas as dúvidas e a aceitar que, se Jack dizia que era possível, devia ser possível. Ele sempre cumpria suas promessas. Assim, quando Jack subiu ao palco da coletiva de imprensa para o grandioso descerramento do Yahoo! China, eu tinha grandes esperanças para o futuro.

– De agora em diante na China, *Yahoo!* quer dizer *busca*, e *busca* quer dizer *Yahoo!* – Jack proclamou. – Em seis meses, o Yahoo! China deverá ser líder do mercado, ou será fim de jogo.

Jack, John Wu (o diretor de tecnologia do Alibaba) e a equipe do Yahoo! China se reuniram ao redor de um grande botão cenográfico no palco. Quando pressionaram o botão, a nova página inicial do Yahoo! surgiu na tela atrás deles: uma sóbria página em branco, contendo apenas o logotipo do Yahoo! China e uma barra de buscas no meio. Não se viam mais as imagens chamativas, os links, o diretório, as notícias e as informações encontradas na versão anterior do Yahoo!

China. O site não era mais um portal geral: tinha se transformado em pura ferramenta de busca. Fora dada a largada para a corrida contra o Baidu e o Google.

Na virada de 2005 para 2006, a máquina de marketing do Alibaba estava promovendo o Yahoo! China a pleno vapor, em uma grande ação de *rebranding*. Nosso site até podia ser árido e funcional, mas o marketing do site era empolgante e projetado para instigar a imaginação dos usuários chineses. Patrocinamos animadas festas de prêmios de música chinesa com as mais recentes estrelas da música pop e pagamos 1 milhão de dólares (cada) para três famosos diretores de cinema produzirem comerciais de TV para o Yahoo! China. Se antes dependíamos de ações de marketing com orçamento zero, baseado apenas em uma excelente experiência do usuário e no boca a boca, agora estávamos gastando milhões de dólares para fazer um grande alarde.

Apesar de todo o burburinho, contudo, os dados de tráfego eram preocupantes. Desde que havíamos despojado o site do Yahoo! China de seus recursos para relançá-lo como um simples portal de buscas, o tráfego tinha despencado, e nossa participação de mercado caía rapidamente. Em vez de esperar a tempestade passar e verificar se o tráfego da página inicial recém-simplificada se estabilizaria após melhorias da ferramenta de buscas, Jack decidiu abruptamente retomar o visual original da página do Yahoo! China. Porém, como o tráfego do site não se recuperou, ficou claro que nossas idas e vindas estratégicas tinham afastado uma parcela de nossa base de clientes. Pior ainda, o mercado ficou confuso com nosso comportamento aparentemente errático. Para os usuários chineses da internet, a repentina reversão foi vista como um ato de desespero, e a imprensa não demorou a criticar o Alibaba por parecer desorientado ao abandonar a nova ênfase do Yahoo! China em buscas.

Com nossa estratégia fora de controle, comecei a me perguntar se a considerável competência de Jack como gestor de fato poderia ser aplicada a uma ferramenta de buscas. Depois de administrar nossa campanha de anúncios no Google e de visitar o Googleplex como cliente, eu me tornara ao mesmo tempo um estudioso e um admirador do Google. Aprendi que a principal chave para o sucesso do Google tinha sido seu foco na criação da melhor tecnologia de buscas do mundo. A empresa resistira a todas as distrações, e, com o tempo, os usuários da internet recompensaram o Google migrando para sua interface e para sua tecnologia de buscas superior. Com isso em mente, dei a Jack um exemplar do livro *A busca*, de John Battelle, no qual o autor faz uma análise aprofundada do Google.

– Jack, este livro é excelente e conta como o Google conseguiu ter tanto sucesso – eu disse. – Agora que temos o Yahoo! China, seria interessante você dar uma lida. É muito bom.

Jack afastou o livro.

– Alguém tentou me dar um livro sobre o eBay – ele explicou –, mas eu não quis ler. Queria garantir que não iríamos simplesmente copiar a abordagem deles. É melhor você dar esse livro a outra pessoa. Não quero ficar focado demais no que eles fizeram, porque posso tender a seguir a abordagem do Google.

Apesar de eu admirar a insistência de Jack em inovar ao seu próprio estilo, aquilo também me preocupava. Nós não precisávamos *copiar* o Google, mas poderíamos pelo menos *aprender* com eles. Jack tinha um bom tino para marketing e soubera mobilizar milhões de pessoas para que entrassem em uma comunidade de comércio on-line a fim de comprar e vender produtos na internet. Mas uma ferramenta de buscas era algo completamente diferente. Fazer uma busca na internet não é uma atividade comunitária. O único relacionamento é entre o usuário e o mecanismo de busca. As pessoas não iam ao Baidu ou ao Google para fazer amizade e bater papo. Elas queriam encontrar outros sites e seguir em frente.

Na ocasião do nosso encontro de estratégia de 2006, as tensões no Yahoo! China estavam começando a se intensificar. Alguns gestores já haviam saído da empresa para trabalhar no novo empreendimento de Zhou Hongyi. E os remanescentes tinham poucas razões para acreditar que a visão de Jack para uma ferramenta de busca se tornaria realidade. Ao contrário dos gestores que, como eu, já haviam trabalhando com Jack no Alibaba, os integrantes da equipe do Yahoo! China não tinham enfrentado juntos várias tempestades nem derrotado gigantes da internet. Em geral, viam Jack assim como a maioria dos observadores o via: um homem fascinante, porém imprevisível. E o modo como Jack vinha administrando a estratégia do Yahoo! China também não ajudava a convencê-los do contrário.

Nessa reunião, a equipe técnica do Yahoo! China apresentou suas ideias para alavancar a estratégia da ferramenta de buscas. Falaram sobre a importância de implantar a melhor tecnologia e os melhores algoritmos de busca. Pude notar que os olhos de Jack perdiam o brilho. Ele não tinha tempo para aqueles detalhes técnicos nem se interessava por eles. Para ele, a tecnologia era secundária em relação à experiência do usuário, e fazia questão de deixar isso claro.

– As pessoas não têm como saber a diferença entre uma ou outra ferramenta de buscas – ele argumentou. – Do ponto de vista do usuário, é tudo igual. O mais importante é nossa estratégia de marketing.

A equipe ficou em silêncio, claramente sem coragem de contradizer o novo chefe. No entanto, esse comentário de Jack me fez perceber que ele tinha um entendimento fundamentalmente equivocado das ferramentas de busca. E meu palpite era que, a menos que alguma coisa o fizesse mudar de ideia logo, o Yahoo! China estaria condenado ao fracasso.

Enquanto executávamos nossa estratégia mal definida, o desempenho do Yahoo! China continuava prejudicado. Para piorar ainda mais as coisas, estávamos recebendo telefonemas de *headhunters* querendo recrutar pessoas para o novo empreendimento de Zhou, o Qihoo.com. Internamente, pensávamos que as ligações faziam parte de uma tentativa do Qihoo de derrubar o moral da nossa equipe. Divulgamos nossas suspeitas ao público, e Zhou Hongyi rapidamente nos processou por difamação.

Enquanto isso, a nova tecnologia do Qihoo começava a ganhar um forte e surpreendente impulso à medida que um número cada vez maior de usuários chineses baixava e instalava a barra de ferramentas do antivírus 360Safe. Oculto na barra de ferramentas havia um recurso que bloqueava os serviços do Yahoo! China no computador do usuário, classificando nossos serviços como malware. À medida que o número de downloads aumentava, o tráfego do Yahoo! China encolhia cada vez mais.

Zhou Hongyi expressou à imprensa chinesa seu ressentimento com o Alibaba, e Jack não demorou a responder. Com o tempo, a saraivada de ataques entre as duas empresas se transformou em um duelo feroz que manchava a imagem de ambas. Foi uma enorme distração, e isso significou que o ano de 2006 foi dedicado a combater o Qihoo, e não o Baidu.

Ao nos engajar em uma guerra de palavras, Zhou Hongyi tinha usado nossa própria estratégia de guerra e conseguido tirar Jack Ma do sério. Com a debandada dos usuários do Yahoo! China, Jack assumiu exatamente a mesma atitude que tanto criticara em Meg Whitman na época da guerra com o eBay: levou a coisa toda para o lado pessoal. É bem verdade que as ações do Qihoo estavam afetando o desempenho do Yahoo! China, mas Jack parecia cada vez mais obcecado com Zhou Hongyi e, em vez de focar o aprimoramento dos recursos de busca do Yahoo! China para criar uma tecnologia de primeira linha, Jack concentrou suas energias em revidar. Com isso, abrimos um processo contra o Qihoo alegando concorrência desleal e ficamos atolados até o pescoço nessa batalha jurídica. Embora tenhamos vencido o processo no final, o que ajudou a recuperar um pouco do orgulho da nossa equipe, a vitória judicial não fez grande diferença para o Yahoo! China, e o Qihoo só teve de pagar a irrisória quantia de 30 mil yuans (cerca de 4 mil dólares) em danos. No fim de 2006, pela primeira vez, os gestores seniores do Alibaba começavam a se perguntar se Jack não estaria perdendo seu toque de Midas.

– Jack se perdeu com a estratégia do Yahoo! – um gestor sênior me confidenciou.

Não pude deixar de concordar. Mas felizmente a situação era bem melhor no outro lado da empresa.

18

Grátis não é um modelo de negócio

Embora não estivéssemos conseguindo nos tornar a ferramenta de buscas mais popular da China, havia um campo em que éramos imbatíveis: o mercado on-line. No front B2B, o crescimento da receita do Alibaba.com continuava chegando às alturas. E, no mercado de consumo, o Taobao crescia 50% mais rápido do que o eBay, finalmente superando nosso concorrente americano na importantíssima métrica GMV (volume bruto de mercadorias).

Depois do anúncio do acordo com o Yahoo! China, Henry Gomez, do eBay, declarou à revista *Fortune*: "A estratégia de Jack Ma é levar os concorrentes à loucura. Agora ele provavelmente também vai enlouquecer o Yahoo!". Gomez tinha razão em ambos os aspectos. Nosso estilo caubói e as estratégias instáveis estavam criando atrito com nosso novo parceiro americano. No entanto, o crescimento implacável do Taobao também estava levando o eBay à loucura. E nós só estávamos começando.

A semana em que 1 bilhão de dólares do Yahoo! entrou na conta bancária do Alibaba coincidiu com o anúncio dos lucros trimestrais do eBay. Com nossos fundos de guerra fortemente abastecidos, estávamos confiantes para desferir o golpe que nocautearia o eBay. No momento em que o eBay se preparava para divulgar seu relatório de lucros, emitimos um comunicado voltado à imprensa americana e aos investidores do eBay. O anúncio foi um ataque direto ao eBay:

> ***O Taobao.com será gratuito por mais três anos***
>
> *O site líder de leilões na China voltado ao consumidor deverá investir 120 milhões de dólares no mercado chinês para desenvolver o e-commerce e criar 1 milhão de empregos.*
>
> O Alibaba.com anunciou hoje que seu site de leilões em chinês, o Taobao.com, continuará sendo oferecido gratuitamente para compradores e vendedores por mais três anos [...] Além disso, o Alibaba.com vai investir 120 milhões de dólares para desenvolver ainda mais o mercado de e-commerce do Taobao.com, que já conquistou a confiança do público, com o objetivo de criar 1 milhão de empregos para os empresários chineses.
>
> "O Taobao.com tem o compromisso de promover o desenvolvimento do e-commerce na China, criando o maior e mais confiável mercado de consumo da internet chinesa", declarou o CEO, Jack Ma [...]
>
> Desde seu lançamento em 2003, o Taobao.com foi o primeiro a criar um modelo de e-commerce verdadeiramente customizado para o consumidor chinês. Disponibilizar seus serviços gratuitos permitiu ao Taobao.com aumentar sua base de usuários e ao mesmo tempo incentivar a comunidade on-line, consultando seus clientes para se inteirar das necessidades específicas de compradores e vendedores chineses.

A mensagem dialogava com nossos diferentes grupos de interesse em vários níveis. Em primeiro lugar, deixamos claro aos investidores do eBay que levávamos a sério a proposta de manter nossos serviços gratuitos e que o eBay teria de passar os próximos anos enfrentando uma intensa concorrência em torno da precificação. A mensagem também dava a nossos clientes chineses um incentivo para permanecer no Taobao e lhes oferecia mais três anos para desenvolver seus negócios antes de precisarem desembolsar algum valor. E acrescentamos a chamada:

> ***Um desafio ao eBay***
>
> Além da promessa de manter seus serviços gratuitos até outubro de 2008, o Taobao.com conclamou o eBay a também oferecer gratuitamente seus serviços aos usuários chineses. "Convocamos o eBay a fazer a coisa certa nesta fase do desenvolvimento do e-commerce chinês e disponibilizar seus serviços gratuitamente aos compradores e vendedores chineses", declarou Jack Ma [...] "Não basta reduzir os preços. É hora de oferecer serviços de graça a todos os empreendedores e consumidores da China."

Foi uma provocação ousada, concebida para instigar uma reação. Embora não esperássemos uma resposta do eBay, sabíamos que isso pelo menos dificultaria a vida de Meg Whitman, que não conseguiria cortar os preços do eBay na China sem perder o prestígio. Por fim, só para mostrar que não estávamos completamente loucos, incluímos no comunicado à imprensa as razões para nossa estratégia, demonstrando que, sim, tínhamos um plano de longo prazo que incluía cobrar por nossos serviços:

> ***O princípio do Alibaba: primeiro grátis, depois lucrativo***
>
> "O 'grátis' é o modelo de negócio certo para as atuais condições na China", declarou Jack Ma. "Mas o Taobao.com é um negócio, e, como todo negócio sério, temos um plano robusto visando à rentabilidade. Com o Alibaba e o Taobao, sempre seguimos a teoria de que só depois de nossos membros ganharem dinheiro usando nossos mercados é que deveríamos ganhar dinheiro." Os mercados business-to-business do Alibaba.com, o Alibaba International e o Alibaba China, começaram gratuitos para os membros e só depois amadureceram e se tornaram empresas altamente lucrativas, gerando um faturamento de 68 milhões de dólares em 2004, com o crescimento da receita dobrando a cada ano.

A reação de Wall Street foi imediata, e as ações do eBay caíram 6%. Em uma reação instintiva, Henry Gomez foi a público para responder em nome do eBay:

Declaração do eBay sobre o desafio de preços do Taobao

"Grátis" não é um modelo de negócio. Hoje, o Taobao anunciou que será incapaz de cobrar por seus produtos nos próximos três anos, um anúncio que diz muito sobre a força do eBay na China.

Nós, do eBay, nos orgulhamos muito da criação de um negócio sustentável na China, ao mesmo tempo que proporcionamos a consumidores e empresários chineses o ambiente comercial global mais seguro, mais profissional e mais empolgante disponível até agora.

eBay
Henry Gomez
Hani Durzy

Não conseguimos deixar de rir quando lemos aquilo. Tínhamos oficialmente derrubado o eBay para nosso nível. Nosso desafio público ao eBay até podia ter sido apropriado para um Davi brigão tentando acertar um golpe no Golias, mas achamos que aquela resposta visceral, vinda da maior empresa de comércio eletrônico do mundo, fizera o eBay parecer fraco e patético, e eles foram prontamente criticados na mídia e na blogosfera.

Para reforçar nosso anúncio, convidamos vários repórteres chineses para uma pequena coletiva de imprensa no nosso escritório, onde entregamos a declaração do eBay junto com a nossa. Sorri por dentro ao pensar no que estávamos fazendo.

Jack explicou aos repórteres por que o Taobao estava a caminho de vencer a corrida pelos consumidores chineses:

– O modelo de negócio de cobrar pelos serviços já foi comprovado nos Estados Unidos. Não é preciso comprovar esse modelo, mas sim comprovar o tamanho do mercado. É preciso provar a capacidade de se criar valor nesse mercado, mas eles simplesmente não ouvem. O *grátis* ainda se aplica bem ao mercado C2C [consumidor a consumidor], porque esse mercado ainda é muito novo na China. Somente 8% dos usuários chineses da internet já tentaram fazer compras on-line. Então, de cada cem pessoas, 92 ainda não experimentaram o e-commerce.

– Você acha que a era do eBay chegou ao fim? – um repórter perguntou a Jack.

– Quase. É tarde demais para eles. A menos que façam alguma mudança realmente significativa. Administrar uma empresa é divertido, lidar com a concorrência é divertido, mas não é bom levar isso muito a sério – Jack continuou. – Eles levaram a concorrência muito a sério na China. E não focaram a criação de um verdadeiro valor para o mercado chinês e os consumidores chineses. Essa é a maior razão que vai levar à queda deles. Continuem observando. Logo seremos os únicos no mercado. Os dias do eBay estão contados.

Tendo atraído o eBay para fora da toca, passamos os meses seguintes pressionando-os ainda mais e mostrando que o argumento deles não fazia sentido. Se "o grátis não é um modelo de negócio", perguntamos a todo mundo que quisesse ouvir: por que o serviço do Skype, que eles tinham acabado de adquirir, era grátis? Por que o PayPal era grátis? E por que o Craigslist, do qual o eBay detinha uma participação, era grátis?

Reagindo às nossas provocações, a opinião pública começou a se posicionar a nosso favor. O eBay estava em dificuldades, e a imprensa e os analistas sabiam disso. No fim de 2005, a participação de mercado do eBay caiu para 34%, em comparação com os 57% do Taobao. Diante da perda de seu mercado, o eBay finalmente decidiu eliminar as taxas de transação de seus sites na China. No dia 19 de janeiro de 2006, quando foi noticiado que o eBay eliminaria as taxas na China, as ações da empresa entraram em queda livre. Em vez de receberem bem a mudança, a imprensa estrangeira e a chinesa reagiram com zombaria, trazendo manchetes como "O eBay decide que o 'grátis' é um modelo de negócio". Ficou claro que o eBay tinha perdido a confiança dos investidores, e as ações da empresa despencaram quase 50% nos seis meses seguintes. O eBay estava em sérios apuros.

Enquanto o eBay China caía no esquecimento, Jack se dirigia aos funcionários do Taobao em um evento para celebrar o aniversário de três anos da empresa. Jack lembrou a equipe que era importante que não perdesse de vista o quadro geral:

– O Taobao está sendo muito comentado não só na China como também nos Estados Unidos. Todo mundo está se perguntando quanto tempo a briga com o eBay vai durar e quando o eBay vai recuar. Porém, precisamos ter em vista o que mais importa. No passado, nossa concorrência com o eBay foi acirrada, mas quero que vocês se lembrem do provérbio: "Se não tivermos inimigos no coração, seremos invencíveis para o mundo". Não devemos ser implacáveis com nossos inimigos.

"O que mais me dá orgulho no Taobao é que não só estamos fazendo um ótimo trabalho como também estamos criando oportunidades de emprego para milhões de pessoas. Então espero que, nos próximos três anos, a concorrência não seja nossa maior prioridade. A concorrência agora é nossa segunda ou terceira prioridade. O mais importante é continuar aumentando o volume de transações do Taobao e nossa base de usuários. Não é derrotar um concorrente. Nossa maior prioridade é crescer no mercado."

Foi um lembrete importante para a equipe. Sim, de fato tivemos uma série de batalhas corporativas contra o eBay. No entanto, mais importante do que qualquer tática de marketing ou de relações públicas era o fato de estarmos construindo uma infraestrutura real para o comércio entre os consumidores chineses. O que nos fizera chegar até aquele ponto fora justamente a construção de um mercado que efetivamente fortalecia os empresários. E, para manter nosso sucesso, não poderíamos perder esse propósito de vista.

Nos vários meses seguintes, o volume das campanhas de marketing e relações públicas do eBay se transformou em um mero sussurro na China, e começamos a ouvir rumores de que seus executivos estavam buscando um jeito de se retirar do mercado sem prejudicar a reputação da empresa. Por isso não nos surpreendemos quando, no final de 2006, o eBay anunciou que fecharia seu site na China e entregaria suas operações locais a um novo parceiro de *joint venture*, a Tom Online. Apesar de contar com o financiamento de Li Ka-shing, um bilionário de Hong Kong, a Tom Online era, em grande parte, irrelevante no mercado chinês.

O anúncio foi feito na época de Natal, sem dúvida porque os jornalistas estariam mais focados em notícias relativas aos festejos de fim de ano do que nas últimas notícias do setor da tecnologia na China. O eBay tentou dar uma fachada positiva para a história, declarando que estava dobrando sua aposta na China ao apoiar um parceiro chinês, da mesma maneira que o Yahoo! tinha feito com o Alibaba. Mas, em geral, o público reconheceu a realidade da parceria do eBay com a Tom: a efetiva saída do eBay do mercado chinês. Considerando que a Tom Online só teve de pagar 20 milhões de dólares por uma participação de 51% na recém-formada *joint venture* com o eBay, ao mesmo tempo que assumia as operações do eBay China, o acordo foi visto como uma grande liquidação para acabar com o estoque.

Quando o anúncio do eBay chegou à nossa caixa de entrada, a reação no Alibaba foi discreta. Ninguém aplaudiu nem comemorou. Houve apenas uma tranquila aceitação e o sentimento de satisfação com o fim de uma história que, para nós, já estava terminada. Ao embarcar em um avião para passar o Natal com minha família, peguei um exemplar do *Wall Street Journal* e li a manchete: "O eBay se retira da Ásia e fecha o site na China". Na conexão em São Francisco, peguei o *New York Times*, que noticiava: "O eBay deve fechar seu site de leilões na China".

Conseguimos!, pensei. Tínhamos de fato conseguido derrubar o eBay. Davi vencera Golias.

Por um lado, eu sentiria falta de um concorrente tão poderoso. Mas, com o eBay fora do jogo e sem uma verdadeira concorrência em vista, as portas estavam abertas para algo que Jack vinha adiando há cinco anos.

19

AliMania

Uma chuva de flashes iluminou a sala lotada, e os cliques e os estalidos das câmeras se intensificaram. Seguranças abriram caminho pela multidão, dando aos 20 fotógrafos contidos por um cordão de segurança um ângulo direto para fotografar Jack enquanto ele subia ao palco. Jack se voltou para as câmeras e, triunfante, levantou os dois polegares em meio a gritos e aplausos da multidão.

– Jack! Jack! Aqui, Jack! – os fotógrafos o chamavam, com os flashes iluminando seu rosto e seu sorriso aberto.

Atrás de Jack, o preço das ações do Alibaba subia no painel de cotações da Bolsa de Valores de Hong Kong. Vendo a ascensão dos preços, constatamos que o IPO do Alibaba.com tinha acabado de tornar a empresa a maior pontocom da China e a quinta pontocom mais valiosa do mundo. E aquela era só uma das empresas do Alibaba Group, o Alibaba.com. Eu só podia imaginar quanto a empresa toda poderia valer um dia, caso decidisse abrir o capital. Através de uma comprida janela de vidro podíamos ver o pregão da Bolsa no andar de baixo, onde operadores de mercado usando coletes vermelhos, diante de telas de computador, tentavam furiosamente acompanhar os pedidos de compra de ações do Alibaba. O volume das transações já estava começando a desestabilizar o sistema de computadores da Bolsa de Valores.

Tinha levado sete anos a mais do que Jack havia originalmente planejado, mas finalmente estávamos abrindo o capital do Alibaba.com. Para chegar lá, tínhamos sobrevivido ao estouro da bolha da internet. Derrotáramos o eBay. Cruzáramos espadas com o Google. E ainda havíamos conseguido comprar o Yahoo! China no meio do caminho. Não fora uma história apenas de sucessos. Mas tivéramos sucesso suficiente. E, apesar de nossos desentendimentos com os titãs da internet nos Estados Unidos, conseguíramos criar a primeira pontocom global e ainda fechar o segundo maior IPO da história da internet.

Alguns minutos depois, Jack e os altos executivos do Alibaba.com foram chamados para o andar do pregão para a cerimônia de listagem. Representantes da Bolsa fizeram alguns comentários formais, dando as boas-vindas ao Alibaba.com na Bolsa de Valores de Hong Kong.

Cercado de operadores de mercado, Jack se aproximou do microfone e disse algumas palavras em chinês:

– O dia de hoje marca um importante passo para o Alibaba e um salto gigantesco para o setor da internet na China. Estamos confiantes de que o IPO do Alibaba.com nos ajudará a servir melhor nossos investidores, clientes, funcionários e nosso país. Abrir o capital é como parar em um posto de gasolina para abastecer. É um marco importante, mas não é nosso destino final. Percorremos um longo caminho para chegar até aqui e ainda temos um longo caminho a percorrer.

Passei os olhos pela sala e vi meus colegas elegantemente vestidos, os homens de terno e gravata, as mulheres usando vestidos escuros e sofisticados. Era difícil acreditar que aquela era a mesma equipe de maltrapilhos que eu encontrara quando decidi entrar na empresa naquela noite chuvosa em Xangai. Aquela era a equipe que, desde o começo, quase ninguém tinha levado a sério. Aquela era a equipe que fora menosprezada, considerada uma mera novidade bonitinha no mundo da internet, dominado por gigantes americanos. Aquela era a equipe que o primeiro grupo de gestores internacionais do Alibaba tinha tentado empurrar para o lado a fim de abrir caminho a uma "gestão de verdade".

No entanto, aqueles 18 fundadores haviam saído vitoriosos, e naquele momento não pude deixar de imaginar como a vida de meus colegas chineses teria sido diferente sem a internet. A rede lhes dera a chance de canalizar sua paixão e sua criatividade, uma oportunidade que seus pais nunca tiveram. Não só meus colegas tinham mudado, mas a China também. O próprio movimento criado pelo Alibaba havia produzido uma nova geração de empresários, sendo que milhões deles compravam e vendiam produtos on-line, compartilhavam ideias e aprendiam uns com os outros. Em um país onde a liberdade de expressão ainda possuía seus limites – muitos limites –, eles haviam encontrado uma maneira de se expressar, proporcionada por uma empresa sem igual.

À medida que a internet crescia, a própria estrutura da sociedade chinesa mudava. Apesar dos firewalls do governo, o povo chinês mais do que nunca se conectava com o mundo exterior. Eles talvez ainda não usufruíssem das mesmas liberdades políticas que os ocidentais, mas contavam com algo que jamais teriam tido na Revolução Cultural: autodeterminação.

Alguns minutos depois, Jack voltou à sala de observação da Bolsa, e nossos colegas continuaram por lá, se cumprimentando e curtindo o momento. Um colega me deu um tapinha no ombro e sussurrou:

– Porter, é melhor você e Jack darem o fora daqui. Eles vão abrir o cordão de segurança e liberar a passagem para os fotógrafos e os jornalistas. Se vocês não saírem agora, Jack vai ficar cercado.

Acabei conseguindo convencer Jack a se afastar da multidão e ir para o corredor. Enquanto abríamos caminho rumo à saída, alguns jornalistas nos cercaram, na esperança de ouvir os últimos comentários de Jack antes de ele sair do prédio da Bolsa de Valores. Caminhei ao lado de Jack, protegendo-o enquanto passávamos pelos jornalistas que gritavam perguntas, a maioria das quais ele não tinha tempo para responder:

– Jack, você está satisfeito com o preço das ações?

– Jack, qual das suas empresas vai ser a próxima a abrir o capital?

– Jack, você pode me dar um autógrafo?

Quando conseguimos sair e fomos recebidos pelo sol brilhante, a porta se fechou atrás de nós com uma batida forte, deixando a confusão e o furor para trás e nos lançando em meio a um silêncio repentino e estranho. Era um dia empolgante que eu não queria que chegasse ao fim. Mas o IPO estava feito, e não havia como voltar atrás.

Com um sorriso maroto, Jack se virou para mim:

– Então, para onde vamos agora?

Boa pergunta, pensei. Eu sabia a resposta. Considerando a trajetória tumultuada dos oito anos anteriores, era difícil acreditar que tivéssemos chegado tão longe.

20

Saindo do Alibaba

Trabalhar em uma *startup* de rápido crescimento é um pouco como correr uma maratona. É um teste de resistência, cheio de altos e baixos. Às vezes, dá vontade de desistir. E às vezes somos impelidos por uma força misteriosa. Testamos nossos limites – mentais, físicos e emocionais. Precisamos nos manter 100% comprometidos, e é impossível navegar no piloto automático.

A única coisa mais difícil do que decidir quando entrar em uma *startup* é decidir quando sair. É difícil deixar para trás uma empreitada na qual investimos tanto sangue, suor e lágrimas. Mas é importante saber a hora de se afastar e passar o bastão.

Quando entramos em 2008, percebi que tinha chegado minha hora de passar o bastão. Com o IPO do Alibaba.com, havíamos atingido um marco importante na nossa história. E, com a retirada do eBay do mercado chinês, o campo estava totalmente aberto, dando ao Taobao uma grande vantagem, deixando-o muito à frente da concorrência. Parecia o momento natural para fazer uma pausa.

Nos quase oito anos em que trabalhei no Alibaba, me mudei seis vezes pelo bem da empresa. Viajei cerca de 50% do tempo. Adorei cada minuto da jornada, mas queria ter mais tempo para os amigos, a família e os relacionamentos fora do Alibaba. Foi difícil dizer a Jack e a Joe Tsai que eu decidira sair da empresa. Mas eles entenderam e perguntaram se eu poderia esperar um pouco enquanto procuravam um sucessor.

Apesar da minha tristeza, foi bom saber que estava deixando para trás uma empresa de sucesso. E foi encorajador ver que o Alibaba estava energizado e em clima de comemoração quando o encontro geral de funcionários de 2008 recebeu o Ano do Rato. Toda a equipe se apinhou em um grande estádio para um evento ruidoso, repleto de discursos e espetáculos, entremeado de aplausos e do clamor do grito de guerra "A-li-ba-ba! A-li-ba-ba!".

Era a primeira vez que todos nós nos reuníamos desde o IPO, e a sensação era de que o Alibaba estava pronto para conquistar o mundo. Para concluir o evento festivo, Jack subiu ao palco redondo no centro do estádio e se dirigiu aos funcionários. Um eterno divergente, a mensagem de Jack foi dada em tom sério, para inspirar, mas também para não deixar o sucesso subir à cabeça da equipe.

> Precisamos pensar em termos de dez anos adiante. Daqui a dez anos, as pessoas não estarão mais falando de "internet" ou "e-commerce". A internet e o e-commerce serão uma parte da rotina das pessoas. Temos apenas dez anos para fazer do Alibaba uma empresa espetacular, porque em dez anos a infraestrutura do e-commerce já estará construída. Depois disso, será tarde demais.
>
> Muitas empresas surgem e desaparecem com grande rapidez. O ambiente muda de uma hora para outra. Alguns anos atrás, o Yahoo! era nosso herói. Quem teria imaginado que um dia o Yahoo! cairia do pedestal e seria o que é hoje? Muitos de nossos heróis do passado caíram. Daqui a dez anos, quando as pessoas falarem sobre e-commerce, queremos que falem do Alibaba. Não queremos que as pessoas olhem para trás e digam: "O Alibaba foi uma grande empresa no passado".

Não podemos perder de vista nossas promessas. Hoje, vocês começaram a ter um pouco de dinheiro. Começaram a ter um pouco de prestígio. Não mudem só porque os outros passaram a ver vocês de outro jeito. Não mudem só porque agora vocês têm dinheiro no bolso. Porque uma coisa nunca pode mudar: nossos sonhos, nossos valores e nossas promessas.

2007 foi um ano excelente para o Alibaba, culminando com o ponto de exclamação do IPO do nosso site B2B. O Alibaba tem um impacto social gigantesco. Mas precisamos lembrar que ainda somos uma empresa pequena, não uma grande empresa. Somos pequenos, mas já estou notando que às vezes desperdiçamos dinheiro. Somos pequenos, mas às vezes demoramos demais para agir. Precisamos nos preparar para qualquer crise e, se essa crise vier, todos nós devemos nos perguntar: "O que posso fazer para ajudar a empresa?".

Queremos que qualquer pessoa, em qualquer lugar do mundo, que tenha um negócio possa se conectar ao ecossistema do Alibaba. Precisamos ser maiores do que o Walmart um dia. Alguns de vocês podem achar que isso é loucura. Mas uma coisa é certa: se vocês não imaginarem, nunca vai acontecer.

Vocês podem achar que nosso futuro é brilhante, que a economia vai bem, que o mercado de ações está em boa forma e que o Alibaba é um sucesso. Mas quero lhes dizer que 2008 vai ser um ano difícil. Por que abrimos o capital no ano passado? Porque pressentimos a chegada do inverno e temos de nos preparar.

Em 2008, o Alibaba não fará grandes manobras e se preparará para um novo inverno. E, durante esse inverno, não podemos perder de vista nossa meta do passado: ser os últimos sobreviventes. Aconteça o que acontecer, precisamos ser os últimos sobreviventes.

A multidão aplaudiu a previsão um tanto quanto sombria de Jack. Tínhamos aprendido com a experiência que os altos geralmente precediam os baixos, mas me encorajei ao ver que a equipe ainda estava animada e Jack não havia perdido seu toque mágico. Ele crescera muito desde aquela primeira vez em que o vira fazer um discurso, naquela noite chuvosa em Xangai. Assim como o Alibaba tinha mudado, Jack também tinha passado por uma transformação: de um professor de inglês deslumbrado a um CEO equilibrado e confiante.

Seis meses depois, eu estava na minha sala, no escritório de Pequim, encaixotando meus objetos pessoais e limpando a mesa. A equipe de Hong Kong se oferecera para organizar uma festa de despedida para mim, mas eu tinha recusado a oferta. Seria difícil demais me despedir de algo que fora tão importante para mim. Eu havia planejado sair discretamente, mas, na manhã do meu último dia, o assistente de Jack me ligou para informar que Jack estava em Pequim e queria me levar para almoçar.

Diante de um prato de macarrão *wonton* no China World Hotel, Jack e eu demos algumas risadas e refletimos sobre a época em que trabalhamos juntos.

– Então, o que você planeja fazer agora? – ele quis saber.

– Tirar umas semanas para viajar e depois passar um tempo falando das minhas experiências no Alibaba para empreendedores e estudantes. Espero que você concorde se eu escrever um livro ou fizer um documentário sobre minha experiência na empresa.

– Claro – ele respondeu. – Você é provavelmente a melhor pessoa para essa tarefa. Você viu os dois lados da história, o lado internacional e o lado chinês.

– Mas você sabe, não é, Jack, que, apesar de eu ter tido uma experiência positiva, pretendo contar o lado bom e o lado ruim, os sucessos e os tropeços, do meu ponto de vista.

– Eu sei – ele disse com um sorriso. – O Alibaba tem a responsabilidade de compartilhar nossa experiência com os outros, para eles poderem aprender com a gente.

A maioria dos CEOs teria ficado paranoica com a ideia de um ex-funcionário querer contar a história da empresa do ponto de vista de alguém de dentro. Mas, no fundo, Jack ainda era um professor.

Apertamos as mãos, e fui para casa. Foi muito importante para mim ele ter se dado ao trabalho de me agradecer e se despedir de mim pessoalmente. Eu tinha entrado no Alibaba esperando aprender alguma coisa sobre o negócio. Mas as lições mais valiosas que recebi de Jack foram lições de vida.

21

Inverno

Após sair do Alibaba, decidi viajar um pouco. Depois de ter passado tanto tempo morando na China, usei essa experiência para me lembrar de que havia um mundo inteiro lá fora, do outro lado da Grande Muralha. Mas as previsões de Jack para um inverno que se aproximava da empresa não demoraram a se concretizar. E, ao ler as manchetes, não pude deixar de sentir uma ponta de remorso por talvez ter abandonado o barco antes de terminar o trabalho.

Mais ou menos na época em que estava encaixotando meus pertences pessoais para sair do Alibaba, o Lehman Brothers desmoronou. Só depois ficou claro quanto a economia global seria prejudicada. Nos dois anos seguintes, com o colapso da economia global, as exportações oriundas da China desaceleraram, afetando diretamente a base de clientes do Alibaba.com. Lutando para sobreviver, os exportadores reduziram seus custos com anúncios no Alibaba.com, o que forçou a queda do preço das ações da empresa. Em um ano, as ações antes promissoras do Alibaba perderam quase 90% do valor, despencando de 40 dólares de Hong Kong por ação para quase 4.

Mas isso não foi nada em comparação com o golpe seguinte: um escândalo na equipe de vendas do Alibaba, envolvendo fraude criminal. Para grande consternação de Jack, ele e os gestores seniores da companhia descobriram que cem membros da equipe de vendas tinham assinado, com conhecimento de causa, contratos com fornecedores duvidosos e certificado 2.300 fornecedores como Gold Suppliers, mesmo sem atenderem às qualificações do Alibaba. Alguns dos fornecedores ilícitos haviam fraudado compradores internacionais usando o Alibaba.com. Savio Kwan, que anos antes deixara o cargo de diretor de operações e voltara recentemente à empresa como membro do conselho de administração do Alibaba.com, foi convocado para liderar as investigações internas da empresa e descreveu a situação usando termos desanimadores: "A empresa corria o risco de desenvolver uma cultura de buscar ganhos financeiros imediatos a qualquer preço".[1]

A reação de Jack ao escândalo foi rápida. Assim que ficou a par de toda a extensão do problema, exigiu a demissão do CEO do Alibaba.com, David Wei, e do diretor de operações, Elvis Lee. Apesar de nenhum deles ter tido envolvimento direto no crime, Jack acreditava que precisava transmitir uma mensagem convincente ao mercado, já que a empresa tinha baseado sua reputação na confiança dos usuários e por ele acreditar que os altos executivos deviam assumir a responsabilidade por permitir um ambiente em que esse tipo de coisa pudesse acontecer.

Uma série de outras crises se seguiu. Quando o Taobao ajustou as políticas de seu site de compras – o Tmall – para favorecer vendedores maiores e mais qualificados em detrimento de vendedores menores e menos profissionais, centenas de usuários do Taobao fizeram um protesto na frente do escritório da empresa. Manifestações públicas de qualquer natureza eram raríssimas na China, e o governo interveio para marcar sua posição no conflito, repreendendo Jack por mudar as políticas do Taobao rápido demais.

Mas nenhuma polêmica foi tão grande quanto o desmembramento da unidade AliPay do Alibaba para se tornar uma entidade independente, de propriedade de Jack Ma e Simon Xie, um cofundador do Alibaba, e controlada por eles. Quando vi uma manchete anunciando que o AliPay tinha sido desmembrado, fiquei aliviado. No tempo que passei no Alibaba, minha avaliação conservadora do AliPay sempre lhe atribuíra valor zero. Apesar de ser o sistema circulatório do ecossistema do Alibaba Group, o AliPay era a única unidade de negócios que operava em uma área indefinida em termos de regulamentação, sem ter uma licença oficial dos reguladores bancários. O AliPay corria o risco de ter de fechar as portas se os bancos chineses decidissem pressionar seus aliados no governo. E, se isso acontecesse, o resultado seria desastroso, bloqueando a maioria das transações do Taobao e pondo em risco milhões de empregos que dependiam do ecossistema do Alibaba. Por isso, quando li que o AliPay tinha sido desmembrado, presumi que Jack e o Alibaba haviam finalmente encontrado um jeito de navegar pelas regulamentações bancárias e que o desmembramento não passava de um prelúdio para a obtenção de uma licença para o AliPay.

No entanto, o modo como a transferência foi executada levou a uma batalha amarga e muito comentada entre o Yahoo! e o Alibaba para decidir se Jack tinha ou não obtido a aprovação do conselho de administração antes de transferir o AliPay para uma companhia à parte. Embora eu compreendesse a estratégia de Jack e enxergasse que sua motivação para essa transferência fora simplesmente se adequar às regulamentações chinesas, aos olhos dos observadores externos a transferência lembrava demais o estereótipo de empresários chineses tentando ludibriar parceiros estrangeiros. Depois de meses de negociações, o Alibaba e seus investidores acabaram resolvendo o problema, mas a polêmica maculou a história do Alibaba e desgastou uma boa parte da reputação que havia sido construída ao longo dos anos.

Quando voltei a ver Jack, três anos depois da minha saída do Alibaba, percebi claramente o preço das polêmicas. No outono de 2011, encontrei-me com Jack em Berkeley, onde ele também estava dando um tempo da China e, em muitos aspectos, do Alibaba. A boa notícia era que, nessa ocasião, o Taobao e seu site irmão, o Tmall, continuavam a crescer exponencialmente. O Taobao sozinho já tinha ultrapassado o volume global de transações do eBay. No entanto, a responsabilidade de liderar uma empresa tão grande, da qual tantas pessoas dependiam para sobreviver, forçara Jack a confrontar a realidade de que ele jamais seria capaz de agradar a todos. Ele parecia exausto e falou sem a animação de costume:

– Quando você tem 400 milhões de pessoas usando a internet na China... – ele se lamentou –, se instituirmos uma política da qual 99% das pessoas vão gostar e só 1% das pessoas não vão gostar, isso ainda significa que 4 milhões de pessoas ficarão furiosas conosco.

A única vez que eu tinha visto Jack tão para baixo fora naquela viagem aos Estados Unidos a fim de demitir o pessoal do Vale do Silício. Mas ele já previra aquele inverno de descontentamento, e sempre nos dissera: "Hoje a situação está difícil. Amanhã vai ser ainda mais difícil. Depois de amanhã vai ser um dia lindo. Mas a maioria das pessoas vai morrer amanhã à noite sem ter a chance de ver o sol nascer depois de amanhã".

Por mais sombrio que aquele inverno pudesse ser, as correntes globais que haviam impelido o Alibaba em seu caminho todos aqueles anos atrás ainda estavam em ação. Eu sabia que era só uma questão de tempo antes de a primavera voltar para o Alibaba.

22

Primavera

Acomodei-me no quarto de hotel onde pernoitaria, desfiz as malas e liguei a TV. O ano de 2013 tinha começado bem, e minha semana fora agitada, visitando universidades para exibir meu documentário, *Crocodilo no Rio Yangtze: a história do Alibaba.* Eu tinha passado 12 meses exibindo o filme, e o público parecia gostar, mas havia uma pessoa cuja opinião a respeito do filme ainda não ficara clara para mim: Jack Ma. Depois de concluir o documentário, e enquanto o preparava para exibições em festivais e universidades, mostrei-o a Jack em sinal de cortesia. A reação inicial dele foi indiferente, por isso fiquei tão nervoso quando o celular tocou ali no quarto do hotel e vi que era uma ligação dele, pela qual eu realmente não esperava.

– Porter, por onde você anda? – Jack perguntou.

– Estou em Pittsburgh. Tudo bem por aí?

– Você poderia vir a Hangzhou no dia 10 de maio?

– Talvez – respondi, evasivo, esperando para ouvir o que ele tinha em mente. – O que está rolando?

– Vamos fazer uma grande comemoração pelo décimo aniversário do Taobao. Gostaria muito que você participasse da festa e mostrasse seu filme para a equipe de Hangzhou.

Fiquei aliviado. Eu tinha feito o filme para inspirar empreendedores, não para agradar Jack. Mas sempre me preocupei um pouco com a possibilidade de ele não achar que o filme fizesse um retrato justo. Foi bom saber que eu não tinha fechado portas e que, apesar de suas reservas iniciais, ele havia passado a curtir o filme. Para mim foi uma honra ser convidado por ele para participar da festa de aniversário do Taobao.

Alguns meses depois, passei pelos altos arcos do estádio Dragão Amarelo, em Hangzhou, e testemunhei uma grande mudança na empresa que eu tinha deixado cinco anos antes. O local estava lotado com uma multidão de mais de 20 mil funcionários, clientes, amigos e familiares. A multidão agitava varetas de neon fluorescente que lembravam estrelas cintilantes, enquanto fogos de artifício explodiam no céu. Acrobatas suspensos no ar cruzavam o estádio, e seus mantos de artes marciais flutuavam atrás deles. Então, surgindo de um alçapão no meio do palco, apareceu a estrela da noite, Jack, vestido como o cantor Bruno Mars e cantando "China I Love You", sendo recebido por uma estrondosa salva de palmas.

Imediatamente ficou claro que o inverno do Alibaba tinha acabado. A primavera chegara. Jack e o Alibaba estavam de volta.

Nos dois anos desde meu encontro com o desanimado Jack em Berkeley, a empresa havia curado suas várias feridas. A rapidez com que Jack substituíra o CEO do Alibaba.com depois do escândalo da equipe de vendas ajudara a companhia a reconquistar a confiança dos clientes. Quando o preço das ações do Alibaba.com se recuperou, Jack decidiu voltar a fechar o capital do site, retirando as ações da Bolsa de Valores de Hong Kong e reintegrando a empresa ao Alibaba Group, o que permitiu que o site retomasse seu foco nos clientes e explorasse as sinergias com as outras empresas do grupo. Depois de Marissa Mayer assumir o cargo de CEO do Yahoo!, em julho de 2012, o espírito de parceria entre as duas empresas se fortaleceu, permitindo-lhes deixar para trás a questão do AliPay. E a polêmica do Taobao/Tmall também acabou não dando em nada, o que permitiu que o braço do Alibaba voltado ao consumidor mantivesse seu crescimento meteórico.

Quando funcionários e clientes do Taobao se reuniram naquela noite para celebrar o aniversário de dez anos da empresa, eles tinham bons motivos para comemorar. Desde suas modestas origens, o volume de transações do Taobao havia ultrapassado o do eBay e o da Amazon juntos. Recordando minha primeira visita ao Taobao, naquele dia quente sem ar-condicionado, quando a empresa não passava de alguns fundadores tentando trabalhar sem eletricidade, era espantoso constatar tudo o que o Taobao conseguira realizar. A influência da empresa se estendia além de cidades e vilarejos da China, transformando vilas inteiras que tinham adotado o e-commerce. Ao mesmo tempo, o Taobao estava atingindo o objetivo da equipe de criar milhões de empregos por todo o país, para empresários que abriam lojas virtuais. Como uma pequena nação, a comunidade de membros do Taobao tinha ganhado vida própria, dando origem às suas próprias celebridades, a formadores de opinião e até a painéis de integrantes eleitos na base de usuários do Taobao para arbitrar desentendimentos entre os membros.

A festa de aniversário do Taobao era mais do que apenas uma comemoração para a empresa: também marcava um momento importante para Jack. Ele tinha escolhido o evento para anunciar sua renúncia oficial como o CEO do Alibaba Group. No fim da noite, entregou o controle da empresa a Jonathan Lu, um ex-recepcionista de um hotel da rede Holiday Inn que entrara na equipe de vendas do Alibaba e galgara os degraus da hierarquia da empresa. Jack estava deixando o cargo de CEO, mas continuaria a presidir o conselho de administração da empresa. Abrir mão do cargo de CEO lhe permitiria administrar a visão da empresa e lidar com questões de âmbito maior, sem ficar atolado nos detalhes das operações do dia a dia. E, o que era igualmente importante, essa manobra abriria caminho para o Alibaba realizar o IPO de todo o Alibaba Group.

Passei os meses seguintes acompanhando a evolução dos acontecimentos do Alibaba na imprensa. O objetivo original da empresa de fazer o IPO em Hong Kong foi impossibilitado quando os legisladores da Bolsa de Valores de Hong Kong se recusaram a aprovar a controversa e ímpar estrutura corporativa do Alibaba, que estabelecia que o controle da empresa permaneceria, em última instância, nas mãos de Jack Ma e de 26 outros membros da "Parceria Alibaba", e não nas mãos dos acionistas detentores das ações ordinárias da empresa. Aprovar uma estrutura como essa significaria abrir uma exceção à política da Bolsa de Valores de Hong Kong, que aloca o controle acionário segundo a regra "uma ação, um voto".

Entre as várias razões importantes para o Alibaba ser listado na Bolsa de Hong Kong, a mais crucial era que o fato de ser listado em solo chinês fortaleceria o relacionamento do Alibaba com o governo, o que ajudaria a empresa a entrar em setores mais regulamentados, como finanças e meios de comunicação. A listagem das ações em Hong Kong teria a vantagem adicional de ajudar os gestores do Alibaba a lidar com investidores e analistas que tinham mais chances de atuar no mesmo fuso horário que o Alibaba e, portanto, estar mais familiarizados com o ambiente de negócios e as regulamentações da China. Mas, depois que o Alibaba se envolveu em um acalorado debate com a Bolsa de Valores de Hong Kong, os reguladores da Bolsa decidiram não abrir uma exceção para a estrutura da empresa. Assim, o Alibaba acabou optando por listar suas ações na Bolsa de Valores de Nova York.

Nos 12 meses seguintes, as esparsas notícias anunciando o IPO do Alibaba começaram a se avolumar, à medida que o mundo reconhecia a escala dos negócios do Alibaba e o impacto que a empresa estava tendo na China. Até que finalmente chegou o dia do IPO, 19 de setembro de 2014. Eu estava no Arizona, a mais de 3 mil quilômetros de Nova York, e ajustei meu despertador para as cinco da manhã. Quando acordei, liguei a TV para acompanhar as notícias do dia todo. Tinha sido o maior IPO da história, e, quando as negociações foram abertas, o valor da empresa chegara a 220 bilhões de dólares. Agora, o Alibaba ultrapassava o eBay e a Amazon juntos, não só em volume de transações, mas também em valor, aproximando-se do valor do Walmart. Ver Jack e meus ex-colegas comemorando no pregão da Bolsa de Valores de Nova York foi como assistir a ex-colegas de time vencer o Super Bowl.

Quando o sino de abertura do pregão soou, Jack foi levado à cabine de transmissão da CNBC, e os espectadores americanos foram apresentados pela primeira vez ao novo rei do e-commerce global.

– Quais são as implicações disso para a República Popular da China? – Jim Cramer perguntou.

– Acho que vamos inspirar muita gente – Jack respondeu. – Quinze anos atrás, eu disse ao pessoal no meu apartamento que, se Jack Ma e pessoas como nós podem ter sucesso, 80% das pessoas na China podem ter sucesso. E 80% dos jovens do mundo podem ter sucesso. Nenhum de nós tem pai rico ou um tio influente. Começamos do zero. Muitos jovens deixaram de sonhar. E nossa mensagem para eles é que devem manter seus sonhos vivos.

– Jack, essa é uma grande história americana que também é uma grande história chinesa. Quem são seus heróis?

– Meu herói é Forrest Gump.

A equipe da CNBC riu, surpresa com a escolha inusitada de Jack.

– Caixa de chocolates? – Cramer perguntou.

– É, eu gosto muito desse cara. Vi o filme umas dez vezes. Aprendi que, não importa o que mude, *você* continua sendo *você*. E eu ainda sou o cara que era 15 anos atrás, quando só ganhava 20 dólares por mês.

Muito bem, Jack, pensei ao ver a entrevista. *Seja você mesmo. Foi isso que o trouxe até aqui.*

23

O universo do Alibaba

Apesar do profundo impacto do Alibaba na China, os 15 primeiros anos da empresa em grande parte passaram despercebidos no Ocidente. Essa situação mudou com o enorme IPO do Alibaba Group. Com o Ocidente tentando entender o Alibaba, comentaristas e analistas procuraram alguma comparação interessante. O modelo de negócio do Alibaba era ser "a Amazon da China", "o eBay da China", "o PayPal da China", "o Google da China" ou "todas as alternativas acima"?

Essas comparações até podiam ser referências úteis, mas, em última análise, não eram as mais adequadas. Isso porque, apesar de o modelo de negócio do Alibaba de fato incorporar algumas características de seus similares ocidentais, a empresa tem um modelo único – e inovador, no verdadeiro sentido da palavra.

Então, o que é o Alibaba? Como deveríamos entender a empresa? Como ela pode crescer? E qual será sua futura influência no e-commerce global? Para responder a essas perguntas, é interessante olhar mais de perto os negócios centrais do Alibaba.

O Alibava Group hoje

Atualmente, o Alibaba Group é um vasto conglomerado de e-commerce que conecta compradores e vendedores e lhes possibilita comercializar uma ampla gama de produtos e serviços na internet. O grupo opera mercados de atacado e varejo que, juntamente com os serviços de apoio do Alibaba (que variam desde pagamento on-line até logística), proporcionam cada vez mais uma infraestrutura para a economia chinesa moderna. Mais do que uma mera coletânea de negócios de e-commerce relacionados, o Alibaba se tornou um ecossistema no qual o todo é muito maior do que a soma de suas partes, devido à sinergia entre seus elementos. O ecossistema do Alibaba é composto de três elementos principais:

- mercados de atacado;
- mercados de varejo;
- serviços de apoio fornecidos pelos participantes do ecossistema.

Mercados de atacado

Alibaba China (1688.com)

O Alibaba China (também conhecido como 1688.com) é, em muitos aspectos, a joia oculta do Alibaba Group. Digo "oculta" por ser muito pouco conhecida e pouco compreendida fora da China. Embora seja um dos dois mercados originais criados pelo Alibaba em 1999, o Alibaba China tem passado em grande parte despercebido pelos ocidentais, que raramente se aventuram além do site em inglês do grupo, o Alibaba.com. No entanto, na China, o 1688.com é um fenômeno de massa e uma parte integral da economia chinesa.

O Alibaba China é o maior mercado de atacado na China para os negócios domésticos, constituindo uma comunidade de milhões de fabricantes e comerciantes de pequeno e médio porte que compram e vendem no atacado. A comunidade usa o site para anunciar produtos, fazer negociações através do software de bate-papo e mensagens e, cada vez mais, consumar as transações usando o AliPay. Se você precisar de uma comparação ocidental, pense em um "eBay atacadista" para o mercado chinês. Estamos falando, em grande parte, de um serviço baseado em assinaturas. Os usuários pagam uma taxa anual para serem membros premium, com acesso a toda a gama de serviços do Alibaba China. O site também ganha dinheiro com anúncios do tipo "pago por desempenho", nos quais os vendedores podem dar lances para serem exibidos quando determinadas palavras-chave são buscadas no site.

O modelo de negócio é diferente de qualquer outro no mundo (e, sem dúvida, certos países em desenvolvimento, com grandes bases manufatureiras e uma rede de atacado fragmentada, se beneficiariam de um modelo similar).

Na ocasião do IPO do Alibaba em 2014, o Alibaba China tinha mais de 700 mil membros pagantes e gerava mais de 22,7 bilhões de dólares em transações consumadas pelo AliPay (e isso é só uma fração do número total de transações originadas no Alibaba China). No entanto, os números sozinhos não contam a história toda. O Alibaba China é, em muitos aspectos, mais do que uma mera plataforma. É uma comunidade rica e vibrante, cujos membros postam regularmente conselhos em fóruns de discussão e se encontram na vida real para consolidar amizades e falar sobre negócios. A transformação da China em uma economia de mercado foi tão rápida que o Alibaba China surgiu para conectar empresários de indústrias especializadas, um papel exercido no Ocidente por associações comerciais desenvolvidas ao longo de décadas.

Nunca é demais enfatizar a importância do Alibaba China no universo mais amplo do Alibaba. No Alibaba China, os atacadistas oferecem os mesmos produtos vendidos por varejistas no Taobao e por exportadores globais no Alibaba.com. Os vínculos profundos do Alibaba China com outros mercados do Alibaba criam incentivos para os participantes permanecerem no ecossistema da companhia. O Alibaba China também proporciona uma atraente base de clientes para os serviços financeiros do Alibaba, como os negócios do Alibaba no setor de microfinanciamento, no setor bancário e no de gestão de fortunas.

Alibaba International

O Alibaba International (também conhecido como Alibaba.com) é o maior mercado atacadista do mundo para negociações globais, conectando importadores e exportadores de mais de 240 países e territórios. Esse site é a primeira coisa que os ocidentais veem quando clicam no Alibaba.com, e, em muitos aspectos, é o carro-chefe emblemático do Alibaba Group. Como seus principais clientes são atacadistas, e não consumidores finais, o Alibaba.com não é muito conhecido fora da China. No entanto, quase todas as pessoas do mundo provavelmente já usaram algum produto comercializado no Alibaba.com, que abastece os atacadistas do mundo com produtos que vão desde rolamentos de esfera até canecas de café e capinhas de iPhone.

Desde o início, o Alibaba teve a meta de conectar compradores e vendedores do mundo todo, tornando-se a primeira pontocom global nascida na China. O Alibaba.com costuma ser visto, equivocadamente, como um site que só conecta fabricantes chineses com compradores internacionais. Na verdade, embora os exportadores chineses formem o núcleo da base de receita, os vendedores são provenientes do mundo todo. Então, por exemplo, um comprador da França pode encomendar sapatos de um fabricante da Índia. Um comprador do Quênia pode adquirir tapetes de um vendedor do Paquistão. Até a data do IPO do Alibaba Group, o Alibaba.com tinha mais de 120 mil membros pagantes e outros milhões de usuários que usam os serviços gratuitos do site.

Mercados de varejo

Taobao.com

O Taobao (literalmente "caça ao tesouro") é o maior mercado consumidor a consumidor da China. Na ocasião do IPO do Alibaba Group, o Alexa.com o classificou como um dos dez sites mais visitados do mundo. Mais de 100 milhões de pessoas visitam o Taobao todos os dias para comprar e/ou vender praticamente todos os produtos ou serviços imagináveis, respondendo por cerca de 80% das vendas de varejo no mercado chinês de e-commerce (juntamente com seu site irmão, o Tmall). O Taobao já foi incorporado ao dia a dia dos chineses, que o usam para comprar de tudo, de roupas e ingressos de cinema a comida na loja de conveniência do bairro. E, como um número cada vez maior de consumidores chineses vem usando smartphones, o aplicativo do Taobao tem intermediado um grande volume de vendas e compras.

Apesar das frequentes comparações com o eBay, o Taobao tem uma influência muito maior na economia chinesa do que seu similar americano na economia dos Estados Unidos. A maioria dos artigos vendidos no Taobao é composta de produtos novos vendidos a um preço fixo, ao contrário do eBay, mais conhecido por ser um site de leilão de mercadorias de segunda mão e itens de colecionador. A diferença se deve às origens do Taobao, em uma época na qual o ambiente de varejo na China consistia, por um lado, de milhões de empresas de pequeno e médio porte e lojinhas familiares e, por outro lado, de grandes redes de varejo e lojas de departamento. De fato, o Taobao deu a esses pequenos varejistas um lugar para comercializarem seus produtos na internet, ao mesmo tempo que também melhorava a experiência de compra presencial, disponibilizando recursos como mensagens instantâneas e elaborados sistemas de classificação de vendedores, proporcionando praticidade, facilidade de comunicação e a possibilidade de desenvolver confiança.

O site do Taobao reflete a cultura local e os hábitos de compra dos consumidores chineses. Em comparação com as páginas iniciais de sites ocidentais, o Taobao parece sempre movimentado, com ícones chamativos e personagens de desenho animado promovendo ofertas especiais. Se navegar pelo eBay é como passear pelo centro comercial de qualquer cidade americana, navegar pelo Taobao é como passear pela movimentada Nanjing Lu, a principal rua comercial de Xangai, com imagens e sons bombardeando o comprador de todos os lados. Aos olhos ocidentais, a página inicial do Taobao pode parecer poluída ou chamativa demais, chegando a ser confusa, mas é o que os usuários chineses preferem e esperam.

O mercado do Taobao oferece outro importante recurso que o diferencia de muitos de seus similares ocidentais: os compradores podem iniciar um bate-papo ao vivo com o vendedor imediatamente. Isso não é de surpreender, considerando que os chineses estão acostumados a desenvolver um relacionamento com o vendedor antes de fechar uma compra e que, na cultura chinesa de compras, é costume pechinchar e negociar. Enquanto os preços em um leilão do eBay começam baixos e vão subindo, os preços no Taobao muitas vezes começam altos e são negociados para baixo. Na verdade, é difícil imaginar o sucesso do e-commerce na China sem o Wang Wang, o popular software de bate-papo ao vivo.

Os recursos mais importantes do Taobao são aqueles que permitem a compradores e vendedores on-line formar vínculos de confiança. Como o eBay, o Taobao possibilita que os compradores avaliem os serviços dos vendedores após uma transação. O sistema de classificação do Taobao é muito mais extenso, permitindo que os compradores avaliem os vendedores em um número bem maior de variáveis. Isso reflete a falta de infraestrutura de crédito na China e levou o Taobao a preencher a lacuna em geral ocupada, nos Estados Unidos, por empresas privadas e organizações sem fins lucrativos, como o Better Business Bureau. Em conjunto com o AliPay, o Taobao se tornou a melhor fonte de avaliação e informações de crédito para as microempresas chinesas.

O modelo de monetização do Taobao o diferencia de seus similares ocidentais. Em vez de cobrar uma comissão em cada transação, o Taobao ganha oferecendo aos vendedores maneiras de se promover no site: vitrines especiais, anúncios de palavras-chave e outras oportunidades de publicidade. Devido a suas origens como um serviço em grande parte gratuito, o Taobao começou a cobrar aos poucos, optando por uma "take rate"* mais conservadora, que coleta menos de 2,5% do valor de uma transação, em comparação com os 8,5% do eBay. Mas a contribuição do Taobao para o ecossistema do Alibaba é importantíssima, por manter um sólido relacionamento com os clientes, os quais podem garantir mais dinheiro no bolso do Alibaba por meio dos outros serviços da empresa, como o Tmall ou o AliPay.

Tmall

De muitas maneiras, os pequenos empresários desenvolveram o e-commerce na China por meio de suas vitrines no Taobao. Estudantes ou pequenos varejistas tinham maior incentivo para vender pela internet do que um gigante do ramo, pois ela lhes oferecia a possibilidade de fazer negócios com compradores de toda a China. Enquanto os pequenos varejistas, como pioneiros, acolheram rapidamente o e-commerce, as grandes marcas e os grandes varejistas levaram mais tempo, já que, no início, o e-commerce representava uma porcentagem muito pequena de suas vendas totais.

No entanto, quando o Taobao se consolidou como o maior destino de compras da China, as grandes marcas e os varejistas começaram a prestar atenção nele. Ao mesmo tempo, muitos consumidores recebiam níveis irregulares de atendimento dos pequenos varejistas no

* "Take rate" refere-se à porcentagem de visitantes de um site que se interessaram por determinada ação, mas não necessariamente a levaram até o fim. [N. E.]

Taobao e queriam uma maneira de fazer negócios diretamente com um grande varejista ou marca. “Por que comprar de uma lojinha de esquina e arriscar receber um produto de segunda mão ou danificado quando posso comprar diretamente de um grande e respeitado varejista?”, eles pensaram.

Com essa demanda em mente, o Alibaba Group lançou o Tmall.com, um mercado que conecta grandes marcas e varejistas diretamente com os consumidores. O site foi lançado em abril de 2008, como uma parte do Taobao, e se tornou uma plataforma independente em 2011. No dia 30 de junho de 2014, o site contava com 110 mil marcas e se apresentava como “dedicado a proporcionar uma experiência superior de compra aos consumidores chineses em busca de artigos das melhores marcas”. Se o Taobao é um mercado de pulgas com pequenos vendedores apregoando suas mercadorias, o Tmall é um shopping center reluzente com vitrines elegantes, pessoal especializado em vendas e atendimento ao consumidor.

Um dos principais benefícios do Tmall para o Alibaba Group é a monetização. Enquanto os vendedores que atuam no Taobao, ferozmente independentes e tentando espremer os custos de todos os lados, são altamente resistentes ao pagamento de comissões, taxas ou qualquer outro tipo de porcentagem sobre suas vendas, as grandes marcas e os varejistas que vendem no Tmall em geral ficam mais do que satisfeitos em pagar comissões de cerca de 5% ao Alibaba Group por venda. Para eles, um pequeno percentual é um preço baixo a pagar para atingir centenas de milhões de consumidores em um ambiente on-line que prescinde da dispendiosa infraestrutura de logística e varejo com a qual estão acostumados no mundo presencial.

O Tmall se tornou um importante canal para marcas estrangeiras consolidarem sua presença na China e atingirem clientes no interior do país, onde ainda não existe uma infraestrutura de varejo. Marcas como Gap, Levis, Adidas e Ray-Ban possuem lojas no Tmall e em geral usam suas vitrines nesse site para conhecer os clientes locais, ao mesmo tempo que exploram maneiras de expandir ainda mais sua presença no mercado.

O Tmall é o responsável por criar a promoção pioneira do Dia dos Solteiros na China, em 11 de novembro, um dia de liquidações para os consumidores. No dia 11 de novembro de 2014, o Tmall e o Taobao geraram 9,3 bilhões de dólares em vendas. O Alibaba Group focou o Tmall na globalização e tem recrutado um número cada vez maior de marcas estrangeiras para vender em seu site.

Juhuasuan

Antes do Groupon, o Taobao já oferecia o recurso de compra coletiva Group Buy, que possibilitava a grupos de amigos negociar com os vendedores um desconto por volume. O Group Buy refletia a natureza social do comércio na China, combinando a cultura chinesa orientada para o grupo com o hábito chinês de pechinchar para conseguir os melhores preços.

A tendência de alavancar o poder das compras coletivas a fim de reduzir o preço dos produtos se mostrou tão forte no Taobao que, em 2010, a empresa lançou o Juhuasuan como um mercado distinto, dedicado a compras coletivas a preços promocionais, agregando a demanda de vários consumidores, muitas vezes por meio de vendas-relâmpago. Apesar da concorrência de centenas de sites semelhantes que foram sendo lançados à medida que o Groupon atraía cada vez maior atenção no Ocidente, o Juhuasuan saiu vitorioso como o mais popular mercado on-line de compras coletivas da China, em grande parte como resultado dos relacionamentos que o Alibaba Group já tinha com seus clientes do Taobao e do AliPay.

AliExpress

O AliExpress é a primeira tentativa do Alibaba de conectar vendedores chineses diretamente a consumidores dos mercados internacionais. Lançado em abril de 2010, o site apresenta anúncios de uma grande variedade de produtos de fabricantes e atacadistas chineses a preços de atacado. Em 30 de junho de 2014, o site gerava vendas anuais de 4,5 bilhões de dólares, atendendo em grande parte consumidores de mercados emergentes como Rússia, Brasil e Nigéria.

Serviços de apoio fornecidos por participantes do ecossistema

Ant Financial Services Group

Em outubro de 2014, o Alibaba Group lançou o Ant Financial Services Group, colocando o AliPay e seus vários serviços financeiros e de crédito sob um novo teto. O nome "Ant" [formiga, em inglês] refere-se às micro e pequenas empresas atendidas pela companhia, preenchendo uma lacuna negligenciada pelos bancos estatais chineses, que normalmente se voltam às grandes empresas estatais da China. Dos serviços oferecidos pelo Ant Financial Services, o AliPay é a estrela, tendo se tornado o maior provedor de pagamentos on-line a terceiros do mundo, aproximando-se rapidamente da marca de 1 trilhão de dólares em volume de transações anuais. O serviço oferece pagamentos diretos ou baseados em depósito em garantia para vendedores e compradores que fazem transações tanto dentro da China como em negociações transnacionais. O AliPay facilita transações com os mercados do Alibaba Group, bem como transações para terceiros, sejam comerciantes, sejam prestadores de serviços. Os usuários podem configurar pagamentos de serviços públicos, telefonia móvel, aluguel, mensalidades, taxas e transferências de fundos entre usuários.

O serviço móvel do AliPay, o AliPay Wallet, está cada vez mais substituindo o dinheiro vivo na China, dando suporte a pagamentos presenciais ao permitir que os usuários transfiram fundos eletronicamente, utilizando tecnologias avançadas como códigos QR e pagamento por ondas sonoras. Os chineses usam o AliPay Wallet em lojas físicas, restaurantes, máquinas de venda automática, táxis e redes de cinema. O serviço está sendo rapidamente incorporado ao cotidiano das pessoas, com recursos como o Go Dutch, que permite que um grupo de amigos divida igualmente a conta de um restaurante.

O ineficiente sistema bancário estatal da China permitiu a entrada mais agressiva do Ant Financial (e de seu antecessor, o Small and Micro Financial Services) em áreas similares, em comparação com outros sistemas de pagamento, como o PayPal no Ocidente. Por exemplo, quando a empresa lançou um fundo de mercado monetário, o Yu'e Bao (literalmente, "tesouro restante"), em junho de 2013, o fundo rapidamente atraiu 125 milhões de usuários com taxas de juros mais altas que as dos bancos chineses tradicionais. Esses usuários investiram 570 bilhões de yuans no fundo. Assim, quando o AliPay foi lançado como um sistema de pagamento, a empresa se transformou em um prestador muito maior e mais diversificado de serviços financeiros.

O Alibaba Group descreve o Ant Financial como uma "empresa coligada" devido à sua estrutura proprietária independente, concebida para se adequar ao setor financeiro chinês fortemente regulamentado. Com essa complexa estrutura, o Alibaba Group conta com condições favoráveis para os serviços do AliPay, ao mesmo tempo que mantém o controle acionário e os direitos de longo prazo sobre uma parcela dos lucros do AliPay (e do Ant Financial).

Logística

As ineficiências de logística na China representam tanto desafios como oportunidades para as empresas de e-commerce. Enquanto mercados ocidentais como os Estados Unidos contam com serviços consolidados de entrega de encomendas em território nacional, como a DHL, a UPS e o FedEx, o cenário da logística na China é muito mais fragmentado, com o mercado dividido entre diversos fornecedores com níveis variados de confiabilidade e cobertura. Desse modo, não é nenhuma surpresa que as empresas chinesas de logística estejam se empenhando para acompanhar o crescimento explosivo do e-commerce, responsável, por exemplo, pelo envio de mais de 250 milhões de encomendas nos dias que se seguiram à promoção do Dia dos Solteiros em 2014.

Para resolver os desafios logísticos de acompanhar as demandas do mercado chinês de e-commerce, que cresce tão rápido, o Alibaba reuniu as cinco principais empresas de entrega expressa da China para criar uma entidade separada, a China Smart Logistics Network, da qual o Alibaba detém 48% de participação. O objetivo é alinhar e coordenar os prestadores de serviços logísticos para melhorar a entrega dos pedidos.

A abordagem do Alibaba difere da adotada pela varejista on-line líder na China, a Jingdong.com, que está construindo a própria rede de depósitos e distribuição, o que lhe permitirá controlar a experiência do cliente de ponta a ponta. Essa diferença fundamenta a concorrência entre a rede pouco rígida de aliados do Alibaba e a rede verticalmente integrada da Jingdong. No entanto, é possível que a maior corrida seja entre a infraestrutura de entrega física e a infraestrutura digital, que está crescendo com tanta rapidez a ponto de pressionar o sistema de logística da China, levando ao risco de formar um gargalo no crescimento do e-commerce.

Mídia e entretenimento

Por ser filho de um artista de *pingtan*, Jack Ma tem um lado teatral. Portanto, não é de surpreender que o Alibaba esteja voltando os olhares fortemente para o setor de mídia e entretenimento, com investimentos no site de compartilhamento de vídeos Youku Tudou e a abertura de uma empresa de produção cinematográfica, a Alibaba Pictures. Para quem vê de fora, essas manobras podem parecer um distanciamento dos pontos fortes do Alibaba. No entanto, no contexto da China, esse negócio pode fazer sentido.

A melhor maneira de pensar nas incursões do Alibaba na indústria do cinema e do entretenimento é a seguinte: se for um produto que pode ser comprado e vendido na internet, o Alibaba vai querer participar. E filmes e vídeos são produtos que podem ser comprados e vendidos on-line. Os mercados de e-commerce costumam vender produtos físicos, mas agora estão cada vez mais comercializando produtos digitais, como livros, filmes, ingressos e itens virtuais utilizados em videogames. Portanto, seria de esperar que o Alibaba Group se mostrasse interessado na venda de vídeos na internet por meio de suas plataformas digitais.

A incursão mais ambiciosa do Alibaba está na área de produção de conteúdo. Para explicar sua entrada na produção de filmes, Jack disse ao jornal *South China Morning Post* que, na China, "as pessoas têm a carteira cheia, mas a cabeça vazia".[1] Não se trata de uma área totalmente nova para Jack, já que ele participa do conselho de administração da Huayi Brothers Media Corporation, uma produtora de filmes chineses de enorme sucesso, como *Cell Phone* e *A World Without Thieves.* Agora que a China tem a segunda maior bilheteria do mundo, atrás apenas dos Estados Unidos, a indústria cinematográfica passou a ser um negócio lucrativo, proporcionando grandes retornos. Além disso, Jack tem um interesse pessoal em levar filmes à vida dos chineses. "O e-commerce pode afetar a carteira das pessoas, mas os filmes podem afetar a mente delas", ele me disse um dia.

Outros serviços de apoio

Além desses produtos e serviços essenciais, o Alibaba é proprietário e/ou investidor de uma ampla variedade de empresas. Seu braço chinês de computação em nuvem, AliCloud, fornece poder de computação e armazenamento para desenvolvedores de aplicativos e comerciantes, enquanto a divisão AliMama fornece análises de *big data* aos vendedores. O Alibaba Group também tem adquirido e investido em empresas de várias áreas, como navegadores de internet em smartphones, varejo e microblogging. Com essas aquisições e investimentos agressivos, o Alibaba espera expandir seu alcance para que todas as suas empresas relacionadas fortaleçam ainda mais os vínculos de seu ecossistema. No entanto, em alguns casos, a agressiva expansão da empresa encontrou resistência por parte de analistas que argumentam que o Alibaba pode estar indo longe demais, salientando seu investimento de quase 200 milhões de dólares em um time de futebol de Guangzhou, o Evergrande.

O futuro do Alibaba Group

Quando abriu o capital, o Alibaba tinha 15 anos. Para muitas empresas, isso seria considerado uma idade madura. Mas, em comparação com o objetivo explícito da empresa, o Alibaba não passa de um adolescente. Considerando conservador demais o objetivo original do Alibaba de durar 80 anos, Jack estendeu a meta para 102 anos, observando que isso permitiria que a vida da empresa abrangesse três séculos. Se essa meta ambiciosa for atingida, o Alibaba ainda teria mais 85 anos de vida pela frente. Se conseguir sobreviver por tanto tempo, como será seu crescimento? E no que o Alibaba poderá se transformar no futuro?

A visão declarada do Alibaba é nada menos do que construir "a infraestrutura futura do comércio", realizando sua missão de "facilitar os negócios em qualquer lugar do mundo". A empresa ambiciona criar um espaço no qual as pessoas possam se conhecer, trabalhar e até "viver" on-line, de modo que os produtos e os serviços da empresa sejam essenciais no dia a dia de seus clientes. Pensando nesses objetivos e na história do Alibaba, vejamos algumas das principais tendências que podemos esperar do Alibaba no futuro.

Crescimento dos negócios essenciais do Alibaba

Quando o Alibaba Group abriu o capital, só cerca de metade da população de 1,36 bilhão da China estava na internet. E, desses usuários, só metade já tinha feito uma compra on-line. É incrível pensar que, com apenas aproximadamente 25% da população da China – 302 milhões de pessoas – comprando na internet, o volume de vendas ao consumidor do Alibaba já supere o da Amazon e o do eBay juntos. Só nos resta imaginar a escala se essas tendências de crescimento se mantiverem, à medida que uma parcela maior da população chinesa entra na internet e começa a fazer compras on-line. Faria sentido argumentar que o setor de e-commerce da China, em muitos aspectos, ainda está em sua infância, e podemos esperar que o Alibaba mantenha seu foco na China à medida que seus principais negócios crescem: o Alibaba.com, o Alibaba China, o Taobao, o Tmall e o AliPay.

Enquanto desenvolve esses negócios essenciais, será importante para a empresa se manter à frente da grande onda que está revolucionando o e-commerce na China: as compras estão migrando de PCs para celulares. Embora sua entrada no mercado da telefonia móvel tenha demorado mais que os concorrentes, o Alibaba tem conseguido crescer e consolidar uma posição de liderança no comércio por dispositivos móveis. Será crucial manter essa posição e monetizar as vendas por meio de celulares.

Crescimento do ecossistema do Alibaba

Acredito que o Alibaba continuará focado no crescimento de seu ecossistema, conectando mais serviços relacionados, como computação em nuvem, logística, navegação e mapeamento. Para expandir seu ecossistema sem diluir seus negócios essenciais, a empresa precisará encontrar um bom ponto de equilíbrio. Se conseguir, o Alibaba criará um universo que se manterá coeso por meio da interconexão entre todos os serviços.

Ao fazer isso, contudo, a empresa deve evitar se expandir demais, o que poderia enfraquecer seus principais serviços, criando oportunidades para que concorrentes mais especializados abocanhem uma parcela da participação de mercado do Alibaba.

Expansão em novos setores

Talvez as áreas menos valorizadas do crescimento potencial do Alibaba se encontrem nas indústrias de massa que estão sendo desregulamentadas na China. Duas grandes oportunidades vêm à mente: serviços financeiros e mídia.

Qualquer pessoa que tenha morado na China pode atestar a ineficiência dos bancos chineses. Basta dar uma olhada no típico saguão de um banco, onde os clientes são forçados a esperar até uma hora, sentados em filas e mais filas de cadeiras somente para pagar o aluguel. Por definição, qualquer negócio que cria uma sala de espera cheia de cadeiras não está atendendo bem seus clientes.

O rápido sucesso do Alibaba com seu fundo de mercado monetário, o Yu'e Bao, demonstrou o potencial da participação do e-commerce nos serviços bancários. É fácil imaginar que empresas pontocom como o Alibaba e sua rival Tencent possam converter rapidamente seus clientes de e-commerce em clientes de serviços financeiros – incluindo, por exemplo, bancos, empréstimos, seguros e gestão de fortunas. A grande questão é a rapidez com a qual a China vai desregulamentar seus bancos. O Alibaba teve um indício promissor nesse sentido, no outono de 2014, quando recebeu a aprovação do Comitê Regulamentar do Setor Bancário da China para abrir um banco de propriedade privada.

Outra indústria madura na qual o Alibaba pode entrar é a de mídia e entretenimento. Tal qual o setor bancário, a mídia chinesa é dominada pelo governo desde a Revolução Comunista chinesa, em 1949. O resultado é um conteúdo de mídia insosso criado pelo Estado, que pode até satisfazer os líderes do governo, mas está longe de atender às demandas do público.

A internet criou um campo de atuação muito mais aberto para filmes e vídeos na China. Apesar de a censura continuar inibindo o crescimento em certas áreas de conteúdo político, a mídia chinesa se tornou muito mais orientada pelo mercado, conforme a internet foi crescendo. Os jovens chineses são muito mais propensos a passar o tempo diante do computador, assistindo a vídeos e filmes na internet, do que diante da televisão, ao lado dos pais, vendo um conteúdo sisudo patrocinado pelo governo. Ao mesmo tempo, a enorme bilheteria de cinema na China viabiliza comercialmente a produção de filmes voltados ao público chinês.

Conforme o controle do conteúdo de mídia por parte do governo se flexibiliza, podemos esperar que as pontocom se apresentem para preencher a lacuna, fornecendo um conteúdo muito mais pautado pelo mercado. E, à medida que a distribuição migra da TV a cabo para computadores, tablets e streaming, empresas de e-commerce como o Alibaba estão bem posicionadas para monetizar os produtos digitais da mesma maneira como monetizaram os produtos físicos. De fato, imediatamente depois do IPO do Alibaba, Jack Ma passou um tempo em Hollywood se reunindo com executivos e posicionando o Alibaba como uma porta de entrada para o mercado chinês. O Alibaba Pictures vai começar distribuindo conteúdo produzido por terceiros, mas, com o tempo, produzirá conteúdo original.

Expansão geográfica

Os observadores em geral deixam de perceber ou esquecem que o Alibaba sempre foi uma empresa global, desde o dia de sua fundação, em 1999. Pelo fato de o negócio de varejo do Alibaba na China ser uma presença constante nas manchetes sobre a empresa, as pessoas costumam esquecer que, de todas as pontocom da China, o Alibaba é a de maior presença internacional. O Alibaba Group já tem quase 10 milhões de usuários nos Estados Unidos, 3 milhões na Índia, 2 milhões no Brasil e meio milhão na Alemanha. Assim, a questão não é se o Alibaba vai se globalizar, mas como o Alibaba continuará se globalizando, sobretudo em seus negócios voltados ao consumidor.

Quando o Alibaba estava para abrir o capital na Bolsa de Valores de Nova York, vários jornalistas me perguntaram se o Alibaba "invadiria" os Estados Unidos para enfrentar diretamente o eBay ou a

Amazon. Minha opinião é que o Alibaba aprendeu com os erros da concorrência. Da mesma maneira como os modelos americanos do eBay não se adequavam ao mercado chinês, o modelo do Tmall e do Taobao não se ajusta ao mercado americano. Seria difícil imaginar o Alibaba caindo de paraquedas no Ocidente para competir diretamente com seus similares ocidentais. Mais provavelmente, o Alibaba se concentrará primeiro no comércio transnacional, ajudando as empresas chinesas a vender no exterior por meio do AliExpress e as empresas estrangeiras a vender na China por meio do Tmall. E é provável que o Alibaba use seus crescentes fundos de guerra para fazer investimentos estratégicos em empresas de e-commerce similares em outros países.

Embora não me pareça provável que, no curto prazo, o Alibaba represente uma ameaça aos gigantes americanos de e-commerce no território deles, uma possibilidade tentadora não deve ser descartada: o Alibaba pode adquirir um ou mais desses gigantes americanos, como o eBay. Esses negócios seriam totalmente complementares, com pouca sobreposição. Já em 2003, quando os repórteres perguntavam a Jack se ele venderia sua empresa ao eBay, ele costumava responder brincando: "Não, mas podemos pensar em comprá-lo". Com o valor do eBay superando a marca dos 30 bilhões de dólares na época e com o Taobao ainda sem gerar nenhuma receita, parecia uma ideia absurda. Hoje não é mais.

Desafios

Fidelizar os clientes em seu ecossistema

O Alibaba deve continuar inovando e oferecendo serviços relevantes e atraentes para encorajar seus compradores e vendedores a permanecer em seu ecossistema. Apesar de todas as grandes oportunidades diante do Alibaba atualmente, Jack e sua equipe de gestão sabem muito bem que a estrada da tecnologia está repleta de empresas falidas que tiveram seu breve momento ao sol antes de serem atropeladas por novas tecnologias e novos empreendedores. Basta dar uma olhada no principal parceiro do Alibaba, o Yahoo!, que foi ultrapassado pelo Google e pelo Facebook em ferramentas de busca e redes sociais, oportunidades que o Yahoo!, por estar bem posicionado, podia ter explorado, se ao menos tivesse tido visão e previsão para tanto. Logo que entrei no Alibaba, Jack Ma costumava citar Andy Grove, da Intel: "Só os paranoicos sobrevivem". No mundo da tecnologia, a qualquer momento uma nova ideia, dispositivo ou aplicativo pode revolucionar absurdamente a indústria, tornando os modelos de negócios anteriores instantaneamente obsoletos. Manter um nível saudável de paranoia será importante para a alta gestão do Alibaba.

Um dos primeiros riscos do Taobao foi ensinar ao mercado chinês o que era o e-commerce e, logo em seguida, ver os varejistas se desvincularem e criarem sua própria presença on-line, afastando-se completamente dos serviços do Taobao. O lançamento do Tmall, na verdade, ajudou a reduzir as chances de isso acontecer, dando aos vendedores a opção de criar uma experiência de marca mais profunda e muito mais customizada para seus usuários. Enquanto isso, serviços como o AliPay, cujos clientes se dão a um trabalho considerável para cadastrar sua conta bancária na infraestrutura do Alibaba, incentivam os consumidores a permanecer no ecossistema do Alibaba. Ainda assim, alguns varejistas especializados tiveram muito sucesso, a ponto de deixar a plataforma do Taobao e do Tmall para criar o próprio site, passando a vender diretamente aos consumidores. Assim, o Alibaba terá de usar todos os seus dados, sua tecnologia e inovação para oferecer a melhor experiência de compra na China para um conjunto diversificado de produtos e marcas.

Concorrência externa

A saída do eBay do mercado chinês deixou o Taobao com vários anos de vantagem para consolidar sua posição no mercado. No entanto, à medida que o e-commerce se popularizou, a concorrência interna foi surgindo naturalmente. O mais proeminente desses concorrentes é a Jingdong.com, cuja loja de varejo business-to-customer foi lançada em 2004 e, dez anos depois, dominava 22% do mercado B2C da internet chinesa.

Diferentemente do modelo de mercado do Alibaba, cujo único estoque é composto de bits e bytes em seus servidores, a Jingdong é uma grande varejista inspirada no modelo da Amazon.com. A Jingdong tem produtos em estoque e os entrega usando um amplo sistema de armazenamento e distribuição. Seguindo a estratégia de investimento de longo prazo da Amazon, a Jingdong investiu intensamente na expansão de sua infraestrutura, perdendo dinheiro à medida que crescia em escala. Com a capacidade de controlar a experiência do cliente desde a encomenda até a entrega, a aposta da empresa é fornecer uma experiência mais confiável aos clientes do que os usuários têm com o Taobao ou o Tmall. Será interessante ver qual deles sairá vitorioso no futuro: o modelo de varejo da Jingdong ou o modelo de mercado do Alibaba. Por ora, os investidores estão apostando no Alibaba, mas, com uma capitalização de mercado de aproximadamente 40 bilhões de dólares na ocasião do IPO do Alibaba Group, a Jingdong é uma potência a se temer.

Enquanto a Jingdong enfrenta diretamente o Alibaba, outros concorrentes, com destaque para a Tencent, estão fazendo incursões no território do Alibaba pelos flancos. Como o Alibaba, a Tencent é um extenso conglomerado de empresas na internet, incluindo redes sociais, serviços de mensagens e jogos de apostas on-line. Liderada por seu estável e despretensioso fundador, Pony Ma, a Tencent foi avaliada em quase 150 bilhões de dólares na ocasião do IPO do Alibaba. Sua popular plataforma de redes sociais e seu aplicativo WeChat de mensagens de texto para celulares dominam o mercado chinês e possibilitaram à Tencent entrar agressivamente no e-commerce, forçando o Alibaba a correr atrás do prejuízo no ambiente de telefonia móvel. A participação de 15% da Tencent na Jingdong reúne os dois maiores concorrentes do Alibaba em uma aliança que prenuncia uma batalha.

Esses três grandes *players* constituem cerca de 75% do mercado de e-commerce B2C chinês, com os 25% restantes divididos entre vários outros participantes, nenhum dos quais detém mais do que 5% de participação de mercado. No futuro, o cenário mais provável será um número maior de *players* no mercado de e-commerce surgindo para conquistar uma fatia maior do mercado. De todo modo, os grandes investimentos e a intensa concorrência vão ajudar a desenvolver o e-commerce na China, e todos sairão ganhando. E os maiores vencedores serão os consumidores, os empresários e as marcas. Eles terão um novo e eficiente canal para atingir o maior mercado do mundo.

Regulamentação governamental

Ao lançar a política de "reforma e abertura" da China, Deng Xiaoping disse, numa frase célebre: "Quando se abre a porta, algumas moscas entram". O governo chinês abriu a porta para a internet, motivado por seus potenciais benefícios econômicos, já que o e-commerce se ajusta bem às metas do governo. No entanto, quando a porta para o e-commerce se abriu, algumas moscas de fato entraram, na forma de conteúdo político e da capacidade de os cidadãos comuns mobilizarem uma oposição capaz de contestar a autoridade do Partido Comunista.

Fora da China, muitas pessoas parecem achar que o governo controla a internet com mão de ferro e ficam surpresas ao comprovar a grande ascensão do e-commerce no país, a ponto de dar origem à maior empresa de comércio eletrônico do mundo. Essa visão, contudo, ignora uma questão fundamental: apesar de o governo controlar rigorosamente as notícias, as informações e as comunicações – áreas nas quais as moscas têm mais chances de surgir –, em geral não interfere muito no e-commerce, uma área politicamente mais neutra.

Analisando os efeitos do governo chinês no desenvolvimento do Alibaba, posso dizer com segurança que às vezes foram criados obstáculos e às vezes foram criados incentivos, mas nem uma coisa nem outra foi forte o suficiente para afetar o sucesso ou o fracasso do Alibaba. Mais importante do que qualquer relacionamento com o governo foi o relacionamento da empresa com seus clientes. Lançar produtos e serviços inovadores adequados às necessidades dos empresários e de seus clientes foi o que levou ao sucesso atual do Alibaba. Acredito fortemente que o Alibaba tenha saído vitorioso *apesar* do governo, e não *por causa* dele.

O IPO e o porte do Alibaba provavelmente alterarão a dinâmica de seu relacionamento com o governo. Quando era muito menor, o Alibaba passava em grande parte despercebido por ele. Mas, com uma parcela tão grande do PIB nacional fluindo pelos serviços do Alibaba, o governo inevitavelmente vai começar a prestar atenção na empresa e provavelmente vai querer recebê-la com um grande abraço de urso no futuro, no mínimo para manter a empresa por perto. O objetivo explícito de Jack de "se apaixonar por ele, mas não se casar com ele" vai ser cada vez mais difícil de sustentar ao longo do tempo.

Em geral, o governo tenderá a favorecer o Alibaba à medida que a empresa avança. Como heróis nacionais, Jack e o Alibaba provavelmente serão os primeiros da fila para obter licenças a fim de atuar em áreas sensíveis, como finanças e mídia, apesar da grande presença de investidores estrangeiros na estrutura proprietária da empresa. A insistência do Alibaba de deixar a empresa nas mãos de seus 27 parceiros deve ajudar a dissipar eventuais temores do governo de que o Alibaba possa cair nas mãos de "forças externas".

No entanto, à medida que o Alibaba se aproxima do governo chinês, a empresa terá de manter um delicado equilíbrio com os governos ocidentais. Desde a época em que era professor de inglês, Jack sempre considerou que uma de suas missões era criar uma ponte entre a

China e o mundo exterior. Mas, com os atritos atuais entre a China e os governos ocidentais no que se refere a espionagem corporativa, espionagem do Estado e privacidade de dados, a proximidade com o governo chinês pode fazer com que as iniciativas de expansão internacional sejam recebidas com má vontade por governos ou clientes estrangeiros. O Alibaba é um para-raios natural para toda e qualquer crítica à China, e, gostando ou não, Jack Ma se tornou o rosto da China S.A.

O legado e o impacto global do Alibaba

Para entender o impacto do Alibaba na China, basta dar uma olhada no milhão de lojas de áreas rurais ativas no Taobao e no Tmall, vendendo de tudo, desde produtos de hortifrúti até móveis e artesanato. Apesar de o e-commerce ter se consolidado primeiro em meio à classe média urbana chinesa, hoje em dia se tornou um fenômeno nacional, proporcionando oportunidades locais de emprego para motoristas, entregadores e web designers dos mais distantes lugarejos no interior da China. Alguns desses microempresários cresceram e criaram marcas nacionais.

Em 2014, a tendência deu origem aos 20 "vilarejos do Taobao", definidos pelo Alibaba como vilarejos onde mais de 10% das famílias estão envolvidas no e-commerce e o volume total de transações de e-commerce é superior a 10 milhões de yuans (cerca de 1,6 milhão de dólares) por ano. O surgimento do e-commerce no interior da China ocorreu em um momento importante, quando os empregos rurais escasseavam e os jovens mais talentosos e instruídos do país migravam do campo para as cidades. De fato, as oportunidades do comércio eletrônico em seus vilarejos natais têm atraído recém-formados de volta para casa a fim de participarem do movimento de expansão do e-commerce local. Mais do que qualquer ajuda estrangeira ou iniciativa do governo, o e-commerce colocou os empresários de regiões remotas em igualdade de condições para competir com os empresários urbanos, mobilizou a energia empreendedora da população rural da China e ajudou a tirar vilarejos inteiros da pobreza.

Essa tendência, juntamente com a classe média em crescimento, demonstrou que, apesar de o e-commerce ter demorado muito mais para decolar na China, quando essa indústria finalmente se consolidou, seu impacto foi muito mais considerável do que nos Estados Unidos e na Europa. E, como já vimos, enquanto o e-commerce se revelou um avanço *evolucionário* para o comércio nos Estados Unidos, ele foi nada menos do que *revolucionário* na China. Assim como vastas regiões da China saltaram diretamente para o uso de celulares, pulando a etapa da telefonia fixa, todo o ecossistema de comércio eletrônico da China saltou à frente do Ocidente sem antes construir a tradicional e custosa infraestrutura física de varejo.

A boa notícia para outros países em desenvolvimento é que a revolução do e-commerce no emergente mercado chinês não é exclusividade da China. Agora que a China provou que o comércio eletrônico pode prosperar em países em desenvolvimento, investidores e empresários de outras nações podem aprender com o exemplo do Alibaba. Com efeito, ao viajar pelo mundo em 2014 para exibir meu documentário *Crocodilo no Rio Yangtze: a história do Alibaba*, notei uma tendência interessante. As empresas de e-commerce dos mercados emergentes não estavam mais se autodenominando a Amazon ou o eBay de seu país. Os empreendedores que encontrei – como os fundadores da Konga.com, na Nigéria, da Flipkart, na Índia, ou da Tokopedia, na Indonésia – tendiam a querer aprender com o Alibaba e se comparar com ele.

Se os últimos 20 anos contaram a história do e-commerce no Ocidente, os próximos 20 contarão a história do e-commerce no Oriente. Embora a China já tenha sido conhecida no passado como uma imitadora na internet, hoje o país está cada vez mais sendo legitimamente reconhecido como um inovador do e-commerce. Empresários de e-commerce do mundo todo passaram a se inspirar nos pioneiros do comércio eletrônico chinês, e a China se tornou um empolgante laboratório para testar ideias que podem gerar grande impacto no e-commerce global.

Independentemente de o Alibaba sair vitorioso ou fracassar no futuro, sua maior contribuição para o e-commerce pode acabar sendo o desenvolvimento de um novo modelo de negócio mais adequado às condições de mercados em desenvolvimento. Ao demonstrar que as barreiras ao e-commerce nos países em desenvolvimento podem ser superadas, o Alibaba mostrou que os empresários do e-commerce podem criar um ecossistema confiável para o comércio onde governos e outras instituições fracassaram. No passado, a China era mais conhecida pela exportação de produtos baratos. Mas a mais recente exportação da China – o modelo do Alibaba – dá ao resto do mundo em desenvolvimento esperanças de entrar na sua própria era dourada do e-commerce.

24

Alibaba e as 40 lições

Ao trabalhar no Alibaba, aprendi muito sobre os negócios e a vida. As experiências que tive na empresa derrubaram alguns de meus pressupostos sobre a capacidade das pessoas e me ensinaram que, se tiverem a chance de trabalhar nas condições certas, pessoas comuns sem nenhuma qualificação especial são capazes de grandes realizações. Mais do que tudo, aprendi o que é preciso ter e fazer para realizar um sonho e que, sim, alguns daqueles clichês piegas que nos ensinam na infância se aplicam até no mundo dos negócios. Com isso em mente, resumi nestas 40 lições da história do Alibaba tudo o que aprendi durante minha experiência na empresa.

Sobre realizar um sonho

Sonhe grande... muito grande

Sempre que Jack pedia a seus gestores que definissem metas para a empresa, apresentávamos nossas projeções mais otimistas. Jack normalmente repassava nossas metas e as triplicava ou quadruplicava. Apesar da resistência inicial dos gestores, Jack os desafiava a sonhar: "Se vocês não imaginarem acontecendo, nunca vai acontecer", ele nos dizia. No fim do ano, quase sempre nos dávamos conta de que tínhamos não só atingido como superado aquelas metas ambiciosas.

Jamais subestime sua própria capacidade

Quando entrei no Alibaba, Jack repetia que renunciaria ao cargo em quatro anos. "Estudei para ser professor de inglês, não um CEO", ele dizia, salientando que precisaria deixar um CEO profissional assumir o controle da empresa. Ao mesmo tempo, Jack dizia a seus cofundadores que eles não deveriam esperar ser os gestores seniores da empresa, já que não tinham nenhuma experiência em negócios. Trabalhando duro, aprendendo por conta própria e se mantendo abertos a novas ideias, Jack e seus cofundadores cresceram e se desenvolveram, tornando-se CEOs e gestores seniores, para a própria surpresa deles. Com isso aprendi que, em um ambiente em rápida evolução como a internet, não existem especialistas, e o primeiro lugar onde você deve procurar talentos é no espelho e na equipe existente.

Nunca superestime seu concorrente

Quando fundamos o Taobao no apartamento de Jack, teria sido fácil nos deixar intimidar pelo nosso poderoso concorrente, o eBay, que era o líder do mercado e o queridinho da imprensa, além de contar com muito mais recursos. No entanto, apesar de as grandes empresas gostarem de projetar uma imagem de força e dominância, elas na verdade são muito mais fracas do que parecem. Assim como jamais devemos subestimar nossa própria capacidade, jamais devemos achar que um concorrente é melhor ou mais forte do que de fato é.

Tenha uma grande ideia

Jack foi um líder incrivelmente inspirador, mas o Alibaba se desenvolveu em torno de uma boa ideia: conectar compradores e vendedores na internet. Não raro os empreendedores têm a paixão, os valores e o sonho, sem, contudo, terem uma ideia boa e concreta para a empresa. Pode parecer mera questão de bom senso, mas nem toda a ambição do mundo pode compensar uma ideia que simplesmente não funciona.

Crie uma empresa para durar 102 anos (pelo menos)

Quando entrei no Alibaba, Jack dizia que queria que construíssemos uma empresa capaz de durar 80 anos – "a duração de uma vida humana", ele dizia. Logo depois, decidiu que 80 anos não eram suficientes e estendeu o prazo para 102, "para a vida do Alibaba abranger três séculos". Um objetivo de longo prazo como esse muda a mentalidade das pessoas. Em vez de trabalhar tendo em vista o próximo trimestre, as pessoas se empenham para concretizar uma visão de longo prazo.

Lembre-se: quanto maior o problema, maior a oportunidade

O e-commerce decolou com muito mais rapidez no Ocidente do que na China, aproveitando um mercado já bastante eficiente. Os Estados Unidos e a Europa tiveram muito menos problemas para resolver. Por sua vez, quando o Alibaba foi lançado, as barreiras ao e-commerce na China pareciam quase intransponíveis, e muitos céticos acreditavam que o país simplesmente tinha problemas demais para o e-commerce poder decolar. No entanto, depois de passar anos construindo do zero uma infraestrutura de e-commerce na China, o Alibaba se colocou em posição de abocanhar uma parcela maior das recompensas do que seus similares ocidentais. Afinal, a empresa havia criado o mercado a partir do zero, o que lhe dava condições de garantir uma porção maior dos tesouros.

Hoje a situação está difícil, mas depois de amanhã será um dia lindo

Jack costumava dizer: "Hoje a situação está difícil. Amanhã será ainda mais difícil. Depois de amanhã será um dia lindo. Mas a maioria das empresas vai morrer amanhã à noite, sem ter a chance de ver o sol nascer depois de amanhã". Essa previsão de Jack se revelou bastante acertada.

Para as pessoas manterem os olhos no longo prazo, elas precisam reconhecer que é divertido, mas também dolorido, trabalhar em uma *startup*. A única maneira de construir uma grande empresa, contudo, é sobrevivendo a muitas dificuldades.

Sobre estratégia

Mantenha o foco no cliente, e o resto virá naturalmente

O credo do Alibaba sempre foi "clientes em primeiro lugar, funcionários em segundo, investidores em terceiro". Essa postura representava um grande contraste com o argumento de que a principal responsabilidade da empresa é com seus acionistas. No entanto, as duas perspectivas não são mutuamente excludentes. Durante a bolha das pontocom de B2B, vimos nossos concorrentes seguindo as expectativas dos investidores e analistas, o que os levou diretamente ao abismo. E, na nossa batalha com o eBay, percebemos que a pressão dos investidores de Wall Street não permitia que o eBay mantivesse o foco no longo prazo. É mais importante desenvolver produtos e serviços que seus clientes querem do que seguir o mais recente modismo dos investidores. Se você fizer o que é certo para seus clientes e seus funcionários, os investidores acabarão sendo recompensados.

Aprenda com os concorrentes, mas nunca os copie

Eu achava interessante que Jack normalmente se recusasse a ler livros sobre os concorrentes. Mas, de certa forma, fazia sentido. Copiar e colar um modelo de negócio de um mercado para o outro nunca é inovador. Você pode aprender com os concorrentes, mas é sempre mais importante se concentrar nos seus clientes e desenvolver um produto ou serviço para eles do que simplesmente imitar a concorrência. E, uma vez que você tenha visto exatamente o que o concorrente faz, é difícil não se deixar influenciar por esse conhecimento. Como Jack costumava dizer: "Aprenda com os concorrentes, mas nunca os copie. Copiar a concorrência é morte certa".

Não mude de coelho

Outra coisa que Jack gostava de dizer é: "Se você é um lobo perseguindo coelhos, fique de olho em um só coelho. Mude a si mesmo para pegar o coelho, mas não mude de coelho". As empresas perdem rapidamente o rumo quando perdem de vista sua missão central. O Alibaba mudou de modelo de negócio e se expandiu para entrar em áreas completamente novas, mas nunca perdeu o foco em sua missão central: facilitar a tarefa de fazer negócios.

Seja rápido como um coelho, mas paciente como uma tartaruga

Os empreendedores precisam avançar por dois caminhos diferentes ao mesmo tempo. Por um lado, devem orientar sua visão para o longo prazo, como a empresa de 102 anos de Jack. Mas, por outro, precisam avançar agressiva e rapidamente no dia a dia. Os dois caminhos ajudam a manter a empresa equilibrada entre a visão de futuro e a ação imediata.

É mais importante ser o melhor do que ser o primeiro

Os empreendedores têm muitas ideias, mas se deixam intimidar quando descobrem que "alguém já está fazendo a mesma coisa". Contudo, ser o primeiro nem sempre faz tanta diferença quanto as pessoas pensam. Ser o primeiro não é tão importante quanto ser o melhor do mercado. O eBay foi o primeiro a entrar no mercado chinês, e seus gestores presumiram que essa vantagem os levaria à vitória. Mas o Taobao simplesmente criou um produto melhor e saiu vitorioso com o tempo.

O grátis às vezes pode ser um modelo de negócio

Quando o Taobao anunciou que ofereceria seus serviços gratuitamente, o eBay logo ridicularizou a decisão, argumentando que "grátis não é um modelo de negócio". Às vezes, porém, é essencial começar oferecendo seus serviços de graça, especialmente no mundo da internet. Com essa postura, as empresas têm a chance de atrair uma massa crítica de clientes, enquanto a equipe de gestão tem condições de conhecer melhor as necessidades dos consumidores e ajustar o modelo de negócio em função deles. Pense nas grandes pontocom de hoje. Quase todas começaram como um serviço gratuito. As buscas no Google são gratuitas. Usar o Facebook é grátis. As duas empresas aguentaram o peso das barras de ouro na base da montanha e foram recompensadas por essa decisão mais adiante, quando chegaram ao topo.

Compre um guarda-chuva quando não estiver chovendo

É o melhor momento para fazer isso, segundo Jack. Foi por essa razão que ele decidiu obter uma rodada adicional de financiamento do Softbank em 2000, antes de precisar do dinheiro. Alguns meses depois, o mercado entrou em colapso, e ninguém mais quis investir em *startups* por algum tempo. Às vezes é importante se preparar antes de a tempestade chegar.

Encontre oportunidades na crise

Um dos clichês mais explorados no circuito de palestras dos expatriados é que o ideograma chinês para "crise" combina dois caracteres, que significam "perigo" e "oportunidade". O exemplo do Alibaba demonstra na prática a verdade desse conceito.

Quando a epidemia de SARS atingiu a China em 2003, a própria sobrevivência da empresa se viu ameaçada. Quando uma funcionária do Alibaba foi diagnosticada com essa gripe, cerca de 500 de seus colegas tiveram de ficar em quarentena, vendo-se forçados a trabalhar remotamente, em casa, para manter as operações da empresa.

Desse perigo, porém, surgiu uma oportunidade. Naquela época, o Alibaba não era a única empresa com dificuldades para fazer negócios face a face. Nossos clientes também viviam o mesmo problema. A única maneira de comprar e vender produtos na China era via e-commerce. Tínhamos passado um bom tempo nos empenhando para promover os benefícios do e-commerce, mas a epidemia de SARS acelerou muito a adoção desse sistema por empresas chinesas, e o tráfego de nosso site atingiu novos patamares.

E essa não foi a única vez que encontramos oportunidades numa crise. Em vez de ficarmos paralisados diante do medo da situação, foi fundamental manter a calma e procurar as oportunidades.

Use a força de seu concorrente contra ele

Quando o eBay anunciou que investiria 100 milhões de dólares no mercado chinês para competir com o Alibaba, algumas pessoas da empresa, eu inclusive, ficaram temerosas. Por sorte, Jack recebeu a notícia com uma boa dose de tranquilidade. Abrindo-se para o espírito de seu guerreiro marcial interior, Jack percebeu que a força do concorrente poderia ser usada contra si. Ao engajar o eBay em uma guerra pública de palavras, garantimos que, para cada dólar investido pelo eBay no mercado chinês, os consumidores e as empresas chinesas também ficassem sabendo do Taobao, com o burburinho gerado por nossa campanha de relações públicas.

Avance aos saltos

No passado, observou-se que os consumidores chineses estavam adotando diretamente a telefonia móvel, evitando a construção da onerosa infraestrutura de telefonia fixa.

A experiência do Alibaba demonstrou que sistemas econômicos inteiros também podem avançar aos saltos, especialmente nos países em desenvolvimento. Enquanto os Estados Unidos e a Europa Ocidental passaram os últimos séculos desenvolvendo uma infraestrutura de varejo, a infraestrutura comercial da China conseguiu saltar diretamente para o comércio on-line sem forçar os varejistas a construir primeiro uma extensa infraestrutura física de varejo.

Na primavera, prepare-se para o inverno

O Alibaba tem uma história de explosões de euforia seguidas de crise. Fosse levantando 25 milhões de dólares em financiamento antes do crescimento vertiginoso da bolha das pontocom, fechando um acordo bilionário com o Yahoo! ou fazendo seu IPO em Hong Kong, não importa; cada novo marco foi seguido de uma crise.

O arco narrativo da história do Alibaba não é exclusivo à empresa de Jack Ma, e o mesmo aconteceu com o Google, o Facebook, a Apple e a Microsoft. Davi é sempre um herói até se transformar em Golias. O melhor momento para se preparar psicologicamente para o inverno é quando você ainda está na primavera.

Resista à tentação de abrir o capital

Um IPO é um marco importante, mas jamais deve ser o objetivo principal de uma empresa.

Em 1999, no dia da fundação do Alibaba, Jack disse à sua equipe: "Nosso objetivo na empresa é abrir o capital até 2002. Se isso não acontecer até lá, podemos deixar a ideia de lado". Na época, três anos parecia bastante tempo. No entanto, quando nos aproximávamos de um IPO, Jack sempre resistia, explicando à equipe: "Até poderíamos abrir o capital agora, mas o melhor é fazermos isso quando ficarmos mais fortes; caso contrário, a empresa vai desmoronar". Como Jack explicou: "Fazer um IPO é como parar em um posto de gasolina para reabastecer a fim de percorrer uma longa estrada adiante".

Posicione-se para se beneficiar da sorte

De tempos em tempos, eu ouvia pessoas dizendo que o sucesso de Jack era apenas uma questão de sorte. No entanto, mais do que qualquer um de seus contemporâneos, Jack se colocou em posição de se beneficiar da sorte. Vendo o impacto que a internet poderia ter na China no longo prazo, Jack decidiu dedicar sua carreira ao e-commerce antes mesmo de a China estar conectada à internet. Notar essa tendência antes dos outros de fato o ajudou a posicionar melhor sua carreira.

Apesar de ter perdido o gol em sua primeira tentativa, a China Pages, ele estava bem na frente do gol quando a internet finalmente decolou na China quatro anos depois. E, quando a bola passou perto dele na vez seguinte, na forma do Alibaba, ele chutou e fez o gol.

Sobre liderança

Os empreendedores não reclamam dos problemas; eles os resolvem

Existem dois tipos de pessoas: aquelas que se queixam dos problemas e aquelas que os resolvem. É bem verdade que todos nós nos queixamos às vezes, para desabafar. Mas, ao montar uma equipe, é importante se livrar dos "reclamões" de plantão. Quem sempre reclama não percebe que tem o poder de resolver os problemas dos quais tanto se queixa. No Alibaba, os reclamões que conseguiam passar pelo processo de seleção nunca duravam muito tempo na empresa. A capacidade de resolver problemas é essencial para o empreendedorismo. Resolver problemas é o que as empresas empreendedoras fazem.

Não fique ruminando os erros

Jack costumava brincar dizendo que, se um dia escrevesse um livro sobre suas experiências, ele o chamaria de *Alibaba e os 1.001 erros*. Observando-o em ação, notei que duas grandes características que todo empreendedor deve ter são resiliência e amnésia. Diante de contratempos, Jack era incrivelmente resiliente. E, enquanto eu às vezes ficava ruminando os erros, Jack tinha um foco tão intenso no próximo passo que em geral se esquecia completamente dos erros. Os erros são um subproduto do sucesso. Devem ser lições a serem aprendidas, mas não é bom perder muito tempo com eles.

Agarre as decisões difíceis (não fuja delas)

Um líder não tem como agradar a todos. E até os CEOs mais populares têm suas controvérsias. Mas os pioneiros na liderança de um novo negócio em grande escala são obrigados a tomar decisões difíceis, e é importante enfrentá-las com convicção. Isso foi algo que Jack teve de aprender com o tempo, à medida que fazia a transição de um professor de inglês para um CEO. Em 2000, com nossa empresa crescendo descontroladamente, Jack demorou a executar as demissões necessárias para salvar a empresa, escolhendo tomar pequenas medidas a fim de evitar a grande decisão. O problema só piorou, e a empresa quase teve de fechar as portas, o que deixaria todos os funcionários da empresa no olho da rua. Depois de adiarmos o inevitável, finalmente efetivamos as demissões, estabilizamos a empresa, retomamos o crescimento e conseguimos recontratar muitos dos funcionários demitidos. "Enfim aprendi que às vezes preciso dizer 'não'", Jack me disse.

Faça a equipe trabalhar para a meta, não para o chefe

Muitos gestores tradicionais, sobretudo na Ásia, têm estilos hierárquicos de gestão, de cima para baixo. O chefe dá ordens, e os funcionários fazem de tudo para agradar o chefe. E, em geral, o chefe fica satisfeito com isso. Mas, no Alibaba, Jack estabelecia metas ambiciosas e encorajava a equipe a atingi-las. Isso ajudava a manter as pessoas focadas e, ao mesmo tempo, minimizava a politicagem interna, que muitas vezes resulta de funcionários gastando a maior parte de sua energia tentando agradar o chefe.

Não despreze os "ignorantes tecnológicos"

Muitas pessoas acham estranho que um professor de inglês sem nenhum conhecimento técnico tenha criado a maior empresa de comércio eletrônico do mundo, sobretudo quando tantas *startups* da internet são criadas por engenheiros. Quando saí do Alibaba em 2008, Jack Ma só sabia usar o computador para ler e responder e-mails e navegar na internet. "O Alibaba sobreviveu porque não sei nada de tecnologia", Jack costumava dizer.

A experiência de Jack demonstra que ser um "ignorante tecnológico" confesso pode ser um trunfo para o gestor de uma empresa de tecnologia voltada ao consumidor. Sempre que a equipe de engenharia do Alibaba se preparava para apresentar um novo produto, Jack assistia à apresentação como se estivesse fazendo uma espécie de teste "para leigos". Se não conseguia entender o que estava sendo dito, presumia que os clientes também não entenderiam. Essa abordagem deu certo. Ao garantir a simplicidade de nossos sites, mantivemos a proximidade com nossos clientes, muitos dos quais estavam usando a internet pela primeira vez.

Não leve para o lado pessoal

Meg Whitman cometeu o erro de levar para o lado pessoal a concorrência do eBay com o Alibaba. Com isso, o eBay focou demais a briga, e ela e sua equipe perderam de vista a verdadeira meta: criar um site excelente para os consumidores chineses. Jack cometeu o mesmo erro em nossa batalha com Zhou Hongyi, o ex-CEO do Yahoo! China, e a estratégia de nossa empresa perdeu o rumo.

Sobre desenvolvimento de uma equipe de sucesso

Monte uma equipe, não um grupo de estrelas

Em 2000, em preparação para um possível IPO, o Alibaba.com montou uma equipe dos sonhos, com gestores formados nas melhores universidades e com experiência em proeminentes multinacionais e consultorias. O currículo deles seria impressionante no prospecto da empresa, mas aquelas pessoas não trabalhavam bem juntas. O ego de cada uma delas entrou em cena, e, em pouco tempo, a empresa se viu à deriva, aproximando-se perigosamente da falência. Quando essa equipe dos sonhos foi afastada, os fundadores originais reassumiram a gestão. Embora nesse grupo não houvesse nenhum astro do mundo dos negócios, eles se entrosavam no trabalho, conseguindo realizar mais do que seria de esperar com base no currículo de cada um.

Reúna a equipe toda uma vez por ano

O Alibaba ficou relativamente conhecido na China pelos enormes encontros gerais de funcionários que organiza no início de cada ano. Começando com uma pequena festa para a equipe toda em 2000, a empresa continuou a reunir todos os seus funcionários em eventos anuais, até enfim precisar de um estádio inteiro para acomodar todo mundo. Enquanto a empresa crescia de cem para 10 mil funcionários, organizamos encontros para o pessoal do mundo todo em Hangzhou, incluindo vários dias de palestras, atividades e exercícios de desenvolvimento de equipe.

Reunir o time todo em Hangzhou era uma proposta onerosa para a empresa, mas alinhar todos os funcionários às metas anuais se provou fundamental para o sucesso do Alibaba, que seguia em rápido crescimento. Discursos e vídeos nos lembravam dos desafios e das conquistas do ano anterior e definiam a visão para o ano seguinte. E as atividades de desenvolvimento de equipe possibilitavam ao nosso pessoal pôr a conversa em dia com velhos amigos enquanto criavam laços com a organização como um todo.

Distribua a riqueza

Um dos maiores diferenciais do Alibaba em relação a muitas *startups* que conheci é a extensão na qual Jack Ma repartia a propriedade da empresa com os colaboradores por meio de opções de ações e participação acionária. A tendência natural de investidores e fundadores de empresas é reservar os incentivos acionários apenas à alta administração.

Porém, a começar com o modo como dividiu o patrimônio com seus 17 cofundadores, Jack continuou concedendo incentivos acionários a funcionários de todos os níveis da empresa ou pelo menos qualificando os funcionários de alto desempenho a ganhar opções de ações da empresa. Quando o Alibaba.com abriu o capital em 2007, a empresa teve de alugar um estádio para reunir todos os funcionários detentores de opções de ações e lhes explicar o processo de exercício de sua participação acionária.

Acredito firmemente que a equipe do Alibaba tenha sido motivada pela meta idealista de criar uma plataforma que gerasse oportunidades para microempresas e microempresários, mas ninguém duvida que o sentimento de ser dono de parte da companhia ajudou a unir a equipe e possibilitou ao Alibaba enfrentar algumas tempestades muito difíceis. Sempre soubemos que, se conseguíssemos beneficiar nossos clientes, também poderíamos usufruir das recompensas econômicas. Assim, o amplo senso de propriedade compartilhada ajudou a unir os funcionários.

Integre valores aos sistemas de RH da empresa

Uma coisa é emoldurar e pendurar na parede os valores da empresa. Outra totalmente diferente é codificar os valores nas avaliações de desempenho. Ao vincular 50% do bônus e do avanço profissional de um funcionário aos valores da empresa e 50% ao desempenho, o Alibaba conseguiu preservar sua "cultura de Hupan" mesmo depois de ter saído do apartamento em Hupan Gardens e se tornado uma empresa com mais de 25 mil funcionários.

Lembre-se: ações valem mais do que palavras

Tendo feito um MBA e ido trabalhar em uma *startup* chinesa, precisei desaprender muitas das tendências das grandes empresas que privilegiam a análise mais do que a ação. Às vezes eu ficava empacado na análise de uma estratégia e Jack me empurrava para a ação, me censurando e dizendo: "Não vou criticá-lo por cometer um erro, mas vou criticá-lo por não fazer nada". Entrar de cabeça no jogo e tentar fazer alguma coisa é mais importante do que correr o risco de ficar paralisado nas análises.

Não julgue uma empresa em crescimento por um momento específico; analise as tendências gerais

Uma das tarefas mais difíceis para o gestor de uma *startup* é integrar os novos funcionários vindos de empresas maiores e mais maduras. A reação natural de qualquer novo funcionário que nunca trabalhou em uma *startup* é notar todos os problemas que não existiam em seu antigo empregador. Um funcionário com esse tipo de atitude pode se tornar um problema, já que ele não raro se arrepende e se põe secretamente a duvidar de sua decisão de ter entrado na empresa. E um grupo de novos colaboradores que entram na companhia ao mesmo tempo e têm as mesmas queixas pode acabar criando um ambiente tóxico.

É importante que os novos funcionários entendam que, se alguém tirasse um instantâneo de um dia da empresa, ele iria de fato registrar muitos problemas. Porém, enfileirando vários desses instantâneos ao longo do tempo, para vê-los em sequência em um momento posterior, poderia ser constatada uma tendência de melhoria constante.

Com o tempo, o Alibaba reconheceu a importância de dar entre uma e duas semanas de orientação aos novos colaboradores. Eles viam vídeos e ouviam palestras dos gestores contando a história da empresa. Isso ajudava a contextualizar e pôr em perspectiva a situação atual, muitas vezes confusa e conturbada.

Conceda períodos sabáticos

Um grande problema nas *startups* é a exaustão. Os funcionários não raro trabalham em turnos muito longos e passam vários anos deixando de lado seus interesses pessoais para se dedicar à causa da empresa. Mas as companhias devem reconhecer que os funcionários precisam de tempo para recarregar a bateria. E as empresas de rápido crescimento precisam que os funcionários que participaram de suas origens recarreguem a bateria e voltem descansados. Tive a sorte de contar com a flexibilidade de Jack, que me permitiu tirar um ano sabático para realizar meu sonho de viajar pelo mundo. Quando voltei, estava com a bateria 100% carregada e decidido a conquistar o mundo.

Contrate as pessoas certas na hora certa

Quase toda *startup* enfrenta o mesmo dilema cultural: "Quando devemos contratar gestores profissionais?". Aquele funcionário que adora correr riscos e não hesita em agir trabalhando em um pequeno apartamento costuma ser bem diferente de um gestor experiente trabalhando em uma multinacional. Os dois tipos são necessários na vida de uma empresa de 102 anos, mas, quando colidem, o resultado costuma ser de conflitos e ressentimentos.

Em 2000, quando o Alibaba contratou uma equipe sênior de especialistas internacionais para gerir a empresa, o desastre organizacional resultante criou uma enorme divisão na empresa. Foi como instalar o motor turbo de um Rolls-Royce em uma pequena asa-delta. Na ocasião, deixamos de perceber que uma *startup* precisa de pessoas capazes de atuar como pontes culturais.

Uma ponte cultural é aquele grupo de pessoas que pode ajudar a levar a empresa da condição de *startup* até a maturidade. Essas pessoas devem ser flexíveis o bastante para trabalhar em um apartamento, mas qualificadas o suficiente para gerir empresas em crescimento.

O Alibaba precisava de uma ponte adicional para ajudar a globalizar e fechar o abismo cultural entre a China e o Ocidente. No começo, os membros da equipe que sabiam falar chinês e conheciam a cultura do país se revelaram mais adequados do que os funcionários que tinham uma profunda experiência no setor, mas pouca experiência na China.

Honre e respeite o trabalho dos que vieram antes de você

Em 2003, fui encarregado do site internacional em inglês do Alibaba.com. Era a primeira vez que um falante nativo de inglês assumia o comando do site, e não foi difícil encontrar nele vários erros e recursos que não eram amigáveis para os ocidentais.

A primeira providência que tomei como gestor foi dar uma renovada na cara do site. Apresentei o novo modelo em uma reunião e o comparei com o anterior, a fim de me vangloriar das mudanças que tinha feito e mostrar sutilmente o que me pareciam os aspectos deselegantes do site que tinha herdado. Meu chefe gostou da apresentação, mas depois percebi que deveria ter feito mais para honrar o trabalho que meus colegas haviam dedicado à versão anterior.

Uma *startup* é como uma corrida de revezamento: você leva o bastão por um tempo e o entrega à próxima pessoa que vai melhorar a empresa ainda mais. Não há por que menosprezar o trabalho que levou a equipe até aquele ponto. É divertido olhar para trás e ver até onde chegamos, sabendo que carregamos o bastão por certo tempo.

Sobre fazer negócios na China

Reconheça que a inovação está com tudo na China

Parece haver uma crença generalizada a respeito dos empreendedores do setor da tecnologia na China: os chineses são grandes imitadores, mas não são grandes inovadores. Cheguei a ouvir que o Alibaba não passa de uma cópia do eBay. Isso seria como dizer que Steve Jobs copiou de Alexander Graham Bell a ideia do iPhone. Em muitos aspectos, o ecossistema do Alibaba não tem nenhuma semelhança com o eBay ou a Amazon.

Embora alguns setores da economia chinesa sejam de fato liderados por imitadores, em vários aspectos constatei que meus colegas e pares chineses do setor da tecnologia são mais empreendedores que o pessoal do Vale do Silício. O mercado chinês, dinâmico e em rápida evolução, gera um tipo mais ágil de empreendedor. Os chineses também têm uma tremenda sede de conhecimento, educação e autodesenvolvimento – o resultado de tanto potencial humano mantido por tanto tempo no congelador.

Mobilize seu taoista interior

Foram necessários oito anos no Alibaba para que eu tivesse uma noção mais completa das profundas diferenças culturais entre o estilo de gestão dos empresários chineses e o estilo dos ocidentais. Na Faculdade de Administração, eu aprendera a tomar uma decisão coletando todos os dados relevantes e submetendo-os a rigorosos modelos e análises antes de elaborar um plano de longo prazo. Mas, no Alibaba, constatei diversas vezes que esse estilo se opunha à abordagem de meus colegas, e fui obrigado a me adaptar. Com o tempo, desenvolvi a capacidade de prever as mudanças estratégicas da empresa e me ajustar suavemente a elas, simplesmente seguindo o fluxo.

Quando entrei no Alibaba, Jack foi criticado por declarar em público: "No Alibaba, não fazemos planos". E, com o tempo, percebi que ele tomava a maioria das decisões com base na intuição, e não em alguma análise profunda. Um estilo de gestão intuitivo como esse levaria à loucura praticamente qualquer ocidental detentor de um MBA. E, a julgar pela alta taxa de rotatividade da primeira leva de gestores ocidentais do Alibaba, muitas vezes foi exatamente o que aconteceu.

Só depois de alguma reflexão, após ter saído do Alibaba, foi que percebi que algumas profundas forças culturais estavam em ação, mais especificamente a influência do pensamento taoista sobre a cultura de meus colegas e da empresa. De acordo com o conceito taoista de Wu Wei, a ação não deve envolver uma luta excessiva contra o fluxo da natureza. Por exemplo, a água tem um fluxo natural ao passar pelas rochas, e esse fluxo não deve ser desviado.

Quando o estilo chinês de administração se une com o estilo ocidental, o estilo chinês é mais parecido com a água corrente, enquanto o ocidental se parece mais com as rochas. O Alibaba atuou na confluência entre duas forças dinâmicas: a China e a internet. Por isso, tivemos de avançar e nos adaptar rapidamente às mudanças no setor e na China. Em um mercado empreendedor como esse, seguir o fluxo como a água era muito mais importante do que ficar parado em meio à água corrente como uma rocha.

Aja primeiro, peça perdão depois

A China é um mercado em rápida evolução, com regras e regulamentação em constante mudança. As principais empresas não ficam de braços cruzados esperando os reguladores do governo esclarecerem seu posicionamento. É delicado navegar por essas águas, mas em certas situações os empreendedores precisam agir primeiro e pedir perdão depois.

O eBay ficou de braços cruzados enquanto o Alibaba lançava o AliPay, e acabou ficando para trás nos pagamentos on-line. Se o eBay tivesse pensado em uma estrutura criativa para seu negócio, como o Alibaba fez, poderia ter encontrado uma maneira de entrar no mercado.

A decisão de entrar em uma área de regulamentação indefinida deve ser, naturalmente, pautada por ponderações morais, legais e éticas. Mas leis e regulamentos são feitos por seres humanos, e muitas vezes foram escritos antes da era da internet. Por isso, em certas ocasiões, as empresas precisam forçar as fronteiras regulamentares para poderem prestar um serviço que beneficie a sociedade.

Ame o governo, mas não se case com ele

As relações com o governo podem ser complicadas, principalmente em ambientes com um alto nível de corrupção, como a China. Nesse tipo de ambiente, muitas empresas costumam achar que a única maneira de motivar os funcionários do governo é com subornos ou propinas. No entanto, as autoridades podem ter vários tipos de motivação, como demonstrar a seus eleitores ou superiores burocráticos que estão beneficiando sua cidade, seu estado ou seu país.

O Alibaba reconheceu esse fato e se propôs a fazer da nossa cidade, Hangzhou, o centro da inovação do e-commerce na China. Para isso, organizamos conferências de alto nível, convidando líderes mundiais e empresários a colocar a cidade no mapa como uma espécie de Vale do Silício no Paraíso. A atenção da mídia acabou nos aproximando dessa meta, e em pouco tempo o Alibaba passou a ser considerado uma empresa-modelo. Isso teve o duplo benefício de satisfazer as autoridades do governo e nos proteger de burocratas em busca de propinas.

Gostar do governo não significa que você precisa gostar de todas as políticas do governo. E, no complexo ambiente atual, é difícil imaginar as empresas ocidentais amando e recebendo de braços abertos as políticas do governo chinês a cada passo do caminho. O mais importante é não se casar com o governo. Afinal, aproximar-se demais do governo representa um risco para qualquer empresa. A melhor maneira de se relacionar com o governo é simplesmente fazer a coisa certa para seus clientes, funcionários e a comunidade, bem como informar as pessoas de suas boas ações.

Lembre-se: o *guanxi* mais importante é com seu cliente

Nos idos da década de 1980, os empresários estrangeiros em atuação na China só falavam em como estabelecer as melhores relações – *guanxi* – com as autoridades do governo local que poderiam ajudar as empresas a entrar no mercado chinês, altamente regulamentado. No entanto, com a abertura da China, a economia passou a ser muito mais meritocrática.

Os primeiros estrangeiros a entrar na indústria da internet chinesa se gabavam de seu relacionamento com altos funcionários do governo. E, quando o eBay entregou seu negócio local a um parente de Li Ka-shing, o magnata de Hong Kong, cometeu o erro de supor que apenas com *guanxi* conseguiria resolver todos os problemas da empresa na China. É importante conseguir abrir a porta, mas isso não é mais garantia de sucesso.

No mercado chinês altamente competitivo, do mesmo modo como em praticamente qualquer lugar do mundo, o *guanxi* mais importante para o futuro de uma empresa é o relacionamento com os clientes.

Notas

Crocodilo no Rio Yangtze

1. "EBAY – eBay 2005 Analyst Day", transcrição de Thomson Street-Events, 10 fev. 2005.

A linha direta entre o eBay e o Alibaba

1. Ina Steiner, "eBay Live 2005 Conference Wrap-Up", Ecommerce-Bytes.com, 10 jul. 2005.

As notícias do acordo correm o mundo

1. *Crocodile in the Yangtze: The Alibaba Story* (documentário), dirigido por Porter Erisman, Taluswood Films, 2012.
2. Peter S. Goodman, "Yahoo Says It Gave China Internet Data", *Washington Post*, 11 set. 2005.

Inverno

1. Gady Epstein, "Alibaba's Jack Ma Fights to Win Back Trust", *Forbes*, 23 mar. 2011.

O universo do Alibaba

1. Liu Yi e Sophie Yu, “Alibaba’s Founder Jack Ma Turns to Pursuing Cultural Endeavours”, *South China Morning Post*, 13 jul. 2013.